De la même auteure, aux éditions Leduc :

Ma Bible du zéro déchet, 2020.

Ce livre est la nouvelle édition revue et enrichie du livre *Objectif zéro déchet*, paru en 2017.

Suivi éditorial et relecture : Marjolaine Revel

Design de couverture : Antartik
Maquette : Gaëlle Bachy
Illustrations : Fotolia

10 place des Cinq-Martyrs-du-Lycée-Buffon
75007 Paris – France
ISBN : 979-10-285-1198-2
ISSN : 2425-4355

C'EST MALIN
GRAND FORMAT

MONICA DA SILVA

LE ZÉRO DÉCHET PAS À PAS

Téléchargez de nombreux bonus zéro déchet : rendez-vous p. 285

LEDUC

SOMMAIRE

INTRODUCTION 7

AVANT DE COMMENCER... 13

PARTIE 1. ZÉRO DÉCHET DANS MA MAISON 17

Chapitre 1. On désencombre ! 19

Chapitre 2. J'apprends à trier/jeter malin 33

Chapitre 3. La cuisine et la salle à manger 41

Chapitre 4. La salle de bains 73

Chapitre 5. Le reste de la maison 99

Chapitre 6. J'entretiens ma maison au naturel 109

PARTIE 2. ZÉRO DÉCHET AVEC MES ENFANTS 125

Chapitre 1. Préparer l'arrivée de Bébé 127

Chapitre 2. Bébé est là ! 139

Chapitre 3. Et quand il grandit ? 153

PARTIE 3. ZÉRO DÉCHET EN COMMUNAUTÉ 171

Chapitre 1. En famille 173

Chapitre 2. Entre amis 187

Chapitre 3. Avec mes voisins 195

PARTIE 4. ZÉRO DÉCHET À L'EXTÉRIEUR 201

Chapitre 1. Zéro déchet dans mon jardin 203

Chapitre 2. Je me mets à la permaculture 217

Chapitre 3. Je chouchoute la planète 241

Chapitre 4. Zéro déchet au travail 251

Chapitre 5. Je voyage responsable 263

CONCLUSION 273

REMERCIEMENTS 275

INTRODUCTION

POURQUOI ADOPTER LE ZÉRO DÉCHET ?

50 milliards de bouts de plastique flottent à la surface des océans ; 8 milliards de tonnes de déchets plastiques y finissent leur vie chaque année ; 1 000 milliards de particules plastiques pourraient être libérées d'ici dix ans suite à la fonte de la banquise, selon Rachel Obbard et Richard Thompson, océanographes. Et tout cela n'est qu'un infime aperçu de la réalité.

Le **1er août 2018**, notre planète a atteint ce qu'on appelle « **le jour du dépassement global** ». Cela signifie que nous avons désormais utilisé toutes les ressources annuelles fournies par la Terre avec **cinq mois d'avance.** Nous vivons donc à crédit depuis le 2 août 2018. Le problème, c'est que notre planète n'est pas une banque et que nous ne pourrons pas survivre éternellement à ses dépens, sous peine de la détruire totalement. Plus alarmant encore, le site Footprint Network (www.footprintnetwork.org), un laboratoire d'idées international qui fournit des outils de comptabilité d'empreinte écologique afin de guider les décisions politiques, a déterminé qu'**en 2030, nous aurons besoin de l'équivalent des**

ressources de 2 planètes pour vivre. Vous comprenez donc bien que nous allons droit dans le mur.

La bonne nouvelle, c'est que **des solutions existent**. Le mode de vie zéro déchet englobe la plupart des petites et des grandes actions à mettre en place pour inverser cette tendance, si nous sommes toujours plus nombreux à nous y mettre.

Toutes les astuces et les conseils que vous allez trouver dans cet ouvrage vont vous permettre non seulement de **participer à votre échelle à la sauvegarde de la planète et de ses ressources, mais également à celle de votre propre budget**. Vous en tirerez des bienfaits sur tous les plans de votre vie. Vous allez acquérir une organisation qui vous fera gagner du temps, que vous pourrez utiliser pour vos loisirs ou votre famille. En plus de consommer sainement et de manière éco-responsable, vous vous rendrez rapidement compte que vous faites des économies dans tous vos postes de dépenses, des courses hebdomadaires aux factures d'électricité et d'eau. Vous ressentirez une grande satisfaction de constater que **vos actions, même les plus infimes, ont des conséquences positives sur votre vie mais également tout autour de vous**.

LE ZÉRO DÉCHET, C'EST QUOI EXACTEMENT ?

C'est un mode de vie qui consiste à **éviter au maximum de générer des déchets**. Notre consommation est devenue tellement effrénée que nous n'y accordons que peu de réflexion. Cependant, nos choix et nos façons d'acheter sont générateurs d'énormément de déchets et de gaspillage. Une fois jetés à la poubelle, ces déchets ne sont pas traités ni utilisés de façon écologique. La plupart du temps, ils finissent incinérés ou enfouis, produisant ainsi toujours plus de pollution. Bien entendu, le tri sélectif et le recyclage sont des solutions pour éviter cette pollution. Néanmoins, la France n'est pas encore convenablement équipée pour parer à tous les problèmes que causent les divers types de déchets. C'est donc à nous, « **consom'acteurs** », d'être vigilants et de tenter de générer le moins de déchets possible. Gardez bien à l'esprit que « **le meilleur déchet est celui qu'on ne produit pas** » !

Le zéro déchet, c'est donc plus qu'un concept ou une tendance ; c'est une autre façon de voir le monde qui nous entoure, **une philosophie qui s'applique à chaque instant**, dans chacune de nos décisions. Il touche tous les aspects de la vie aussi bien personnelle que professionnelle, individuellement ou au sein de la communauté.

Concrètement, être « zéro déchet », c'est, au mieux, **ne produire aucun déchet, ou au moins optimiser l'utilisation d'un produit voué à la destruction et limiter le poids de nos poubelles.** Dans notre société de consommation, tout doit aller vite et être le plus simple d'utilisation possible. C'est grâce à ces nouveaux besoins que des produits dits « jetables » ont envahi nos maisons. Malheureusement, ces produits ont un coût économique mais également et surtout écologique. N'oublions pas que nous pouvons nous passer de plats à emporter pour vivre mais pas d'air pour respirer, ni d'eau pour boire. Or, **les déchets que nous produisons chaque jour polluent notre air, nos sols et notre eau.** Heureusement, des solutions simples et économiques existent.

Vous voilà, nous l'espérons, convaincu des bienfaits de la démarche zéro déchet, pour la planète comme pour votre bien-être et celui de votre portefeuille. Pour cela, il va vous falloir changer un certain nombre de vos habitudes, et en ancrer de nouvelles dans votre quotidien. Cela peut faire peur, on le conçoit aisément, et fragiliser votre détermination.

Aussi, le présent guide est là pour vous accompagner dans vos premiers pas sur le chemin vers le zéro déchet. Il se veut à la fois :

- **pratique** : vous allez apprendre comment réduire concrètement votre consommation, consommer plus malin et produire moins de déchets dans tous les aspects de votre vie (à la maison, au travail, avec vos enfants, votre famille, vos voisins, dans votre jardin, en voyage...) ; notre guide ne va pas seulement vous apprendre la théorie, mais vous suggérer également une foule d'idées, d'astuces, de conseils et de bons plans pour agir dès aujourd'hui et aller plus loin dans votre démarche ;
- **collaboratif** : ce livre n'a pas la prétention de présenter ma seule expérience du zéro déchet, mais résulte bien au contraire de multiples contributions de la part de la communauté zéro déchet ; recettes, astuces, témoignages ont ainsi été gracieusement transmis afin d'enrichir ce guide, parce qu'il n'y a pas une façon de faire, mais une multitude d'expériences, qui vous permettront d'adopter de nouvelles habitudes correspondant pleinement à votre quotidien, votre environnement, votre entourage, vos contraintes, etc. Le zéro déchet, plus qu'un mode de vie, est une façon nouvelle de penser le monde, qui passe en premier lieu par le partage et l'entraide.

Il ne s'agit pas de vous contraindre ou de vous mettre la pression, mais simplement de vous suggérer des actions faciles à mettre en œuvre dès aujourd'hui afin d'entrer **progressivement et en douceur** dans la démarche zéro déchet.

En supplément de cet ouvrage, vous pouvez télécharger de nombreux bonus et informations pratiques pour vous aider au quotidien et rendre votre démarche zéro déchet plus douce et plus ludique : les sites Web malins, des ressources documentaires pour aller plus loin, les marques *made in* France, les fruits et légumes de saison, des défis zéro déchet pour vous motiver et progresser, des recettes et bien plus encore… Rendez-vous en p. 285 pour en savoir plus.

LA COURBE DE POIDS DE MES DÉCHETS

Vous pouvez également télécharger (voir p. 285) une courbe de poids de vos poubelles, qui vous permettra d'évaluer concrètement les conséquences positives des changements que vous allez instaurer dans votre vie. Attention : là encore, nulle pression, pas d'objectif, aucun rythme à tenir. Elle n'est là que pour vous permettre de visualiser la progression de vos efforts et vous motiver à persévérer.

Une question, un doute, un partage, besoin de soutien ? Rejoignez la communauté « Le Zéro Déchet Facile » et retrouvez des astuces, des défis, des concours et toutes les actualités autour du zéro déchet et de la préservation de l'environnement :

Site Internet : **www.lezerodechetfacile.com**
Page Facebook : **www.facebook.com/LeZeroDechetFacile**
Le blog de l'auteur : **www.chermininous.com**

AVANT DE COMMENCER…

Lorsque vous vous lancez dans le zéro déchet, le plus évident est de **commencer dans sa propre maison**. J'ai moi-même agi ainsi : il est clair qu'il est plus facile de changer d'abord ses habitudes chez soi, où l'on se sent le mieux et où l'on a des repères familiers, qu'à l'extérieur ou au travail.

Cependant, deux obstacles peuvent se dresser devant votre volonté :

- les autres habitants de votre maison, qui peuvent être, au mieux, peu intéressés ; au pire, réfractaires à ces changements ;
- la somme considérable d'actions à mettre en place pour atteindre le but ultime de la poubelle vide.

J'ai moi-même à la maison un cher et tendre qui, bien qu'ouvert à certains changements, en refuse complètement d'autres. Si vous êtes dans ce cas-là, mon conseil est de ne **surtout pas aller à l'affrontement**. Acceptez que tout le monde n'en soit pas au même point que vous en termes de conscience écologique ou qu'ils acceptent moins facilement de bouleverser leurs habitudes. On peut les comprendre : pourquoi sortir de sa routine si confortable pour s'imposer ce que certains ne voient que comme des contraintes supplémentaires ? Vous, vous savez que c'est pour une juste cause, mais ce n'est pas le cas de tout le monde. Soyez **diplomate** et avancez dans le zéro déchet **en vous amusant et sans rien imposer**, à vous comme à votre entourage. Soyez confiant : vous servirez toujours de modèle à quelqu'un, à qui votre nouveau mode de vie donnera l'envie de vous suivre.

Soyez surtout vigilant avec le deuxième obstacle, qui peut anéantir tous vos efforts. Vous aurez beau avoir toute la volonté du monde et les meilleures raisons pour vous lancer dans l'aventure, vous restez avant tout un être humain avec ses limites. Gardez bien en tête, c'est essentiel, que **le zéro déchet ne se fait pas en un jour**. Il est impossible d'enclencher tous les changements – bien trop nombreux ! – en même temps, à moins de vouloir échouer à tout prix. C'est trop de choses à faire, de nouvelles habitudes à prendre et beaucoup d'organisation à mettre en place tout à la fois ; vous ne tiendriez pas, ou difficilement.

Je me suis moi-même lancée à corps perdu dans cette aventure : j'avais envie de tout essayer et de devenir coûte que coûte une pro du zéro déchet. Mais je me suis vite sentie submergée, à tel point que j'ai failli tout laisser tomber... Heureusement, j'ai pu prendre un peu de recul et j'ai décidé de lever un peu le pied.

Aujourd'hui, bien que plutôt avancée dans le processus, je suis loin de me débarrasser de ma poubelle, et **ce n'est pas grave** ! J'avance à mon rythme, et c'est ce que je vous conseille de faire également. Il vaut mieux une nouvelle habitude que vous aurez mis deux mois à intégrer à votre quotidien, mais qui sera **durablement installée**, plutôt que de vous lancer dans trois, quatre cinq bouleversements à la fois et de n'en tenir aucun au bout du compte.

Le zéro déchet se fait étape par étape, pièce par pièce, envie par envie. C'est un engagement, certes, mais **qui doit rester un plaisir**. Ne regardez jamais le verre à moitié vide, le chemin restant à parcourir ; contemplez toujours le verre à moitié plein, tous les efforts accomplis jusque-là. Nous ne le répéterons jamais assez : **chaque geste pour la planète compte, aussi infime soit-il.** Ne vous découragez donc pas sous prétexte que vous avez le sentiment de ne pas en faire assez. Vous *faites*, et c'est déjà une grande victoire ! Comme moi, ne vous obligez pas à plus que vous ne pouvez, et ralentissez un peu le rythme si vous sentez que cela devient trop contraignant. Le moindre déchet que vous ne jetez pas est un déchet qui n'aura pas d'impact néfaste sur notre planète : soyez fier du plus petit de vos efforts, parce qu'il a de grandes et belles conséquences !

Maintenant que vous êtes convaincu du bien-fondé de la démarche et que vous avez compris dans quelles conditions la mener pour y parvenir le plus sereinement possible, vous voilà prêt à entamer votre voyage en quête du zéro déchet !

Dans cette partie consacrée à la maison, vous allez découvrir comment bien gérer le premier grand changement pour une nouvelle vie zéro déchet : le désencombrement ! En effet, impossible d'envisager consommer plus responsable sans commencer par une organisation plus claire de votre maison, allégée du superflu. Un désencombrement zéro déchet, bien entendu, qui implique d'apprendre à jeter ou recycler ce dont vous n'avez plus besoin dans le respect de l'environnement.

Nous vous proposerons ensuite astuces et conseils pour transformer votre maison pièce par pièce et instaurer de nouvelles habitudes – de cuisine, de ménage, de consommation... – afin d'adopter progressivement un mode de vie plus orienté zéro déchet et de chouchouter la planète tout en vous facilitant la vie.

Chapitre 1

On désencombre !

Avant d'entamer tout changement dans sa vie, il faut apprendre à se détacher du passé qui nous encombre. Nos maisons sont souvent remplies d'objets, de vêtements ou de jouets dont nous n'avons plus l'utilité – ou qui ne sont même plus en état d'être utilisés. Ce trop-plein surcharge nos espaces, mais aussi et surtout notre mental.

Apprenez comment vous séparer – et comment le faire de manière écologique ! – de tout ce qui vous encombre pour faire place nette à un mode de vie plus simple, plus organisé, plus responsable.

LE MÉNAGE PAR LE VIDE

Bien sûr, vous tenez absolument à conserver le premier doudou de votre enfant aujourd'hui adolescent, mais est-il vraiment essentiel, en revanche, de garder la vieille soupière que tante Gertrude vous a offerte il y a dix ans et dont vous ne vous êtes jamais servi ?... Sans parler du jean taille 36 dans lequel vous n'êtes plus rentrée depuis vos 18 ans.

Comme vous, je me suis déjà dit : « C'est vrai que je n'ai jamais utilisé cette râpe à fromage, mais je la garde car elle pourrait me servir un jour... » C'est ainsi qu'on se retrouve perdu sous une masse d'objets inutiles qui mangent de plus en plus d'espace et finissent par nous faire littéralement suffoquer.

Il va donc falloir **apprendre à désencombrer**, avant d'**apprendre à consommer différemment - et mieux**.

Pour dire adieu à l'inutile et gagner tout à la fois sérénité et de précieux mètres carrés - et pourquoi pas quelques euros en faisant des heureux -, voici donc comment procéder.

L'étape primordiale : le tri !

Le tri, c'est généralement le plus long - et le moins engageant. On a du mal à s'y mettre, et quand on s'y met enfin, plein de souvenirs refont surface, ou bien notre peur de « manquer » prend le dessus s'il advenait que nous ayons finalement besoin de cet objet dans un futur proche ou lointain alors que nous ne l'avons plus. Se séparer d'un objet, aussi inutile et petit soit-il, est difficile. **Il faut aborder ce tri avec patience, calme et rationalité** (non mais, vraiment, aurez-vous un jour besoin de ce décapsuleur en forme de canard alors que vous en avez déjà un - un vrai - dans le tiroir de la cuisine ?), et faire le deuil des objets dont on se sépare. Ce n'est pas simplement un tri matériel, mais aussi psychologique - et qui va entraîner, ayez confiance sur ce point, un **mieux-être tant matériel que psychologique** lui aussi.

LE CONSEIL MALIN

C'est pourquoi, aujourd'hui, le désencombrement est devenu un vrai métier, assuré par des « coachs en désencombrement ». Cela peut vous paraître disproportionné, mais ne sous-estimez pas la difficulté d'opérer un vrai tri dans votre quotidien (ne la surestimez pas non plus, cela peut aussi vous être très facile) ; une telle aide est parfois nécessaire pour vous aider à passer le pas. En plus de vous donner des clés pour trier facilement, rapidement et efficacement, ainsi que des solutions pour vous débarrasser de ces objets au rebut (les donner, les vendre, les réparer, les détourner, les recycler ou, en dernier recours, les jeter), le consultant en désencombrement vous accompagne psychologiquement et vous soutient dans ce processus parfois douloureux, souvent libérateur, mais surtout nécessaire.

LE DÉSENCOMBREMENT SELON LA MÉTHODE KONMARI

« KonMari » est la contraction de « Marie Kondo », consultante et auteur japonaise spécialisée dans le désencombrement, le rangement et le développement personnel. Marie Kondo a développé une méthode pratique et efficace qui permet de ranger une bonne fois pour toutes son chez-soi, sans craindre de se retrouver débordé ou de voir le désordre se réinstaller sous peu. En libérant votre intérieur, vous libérez votre esprit et faites ainsi place à tous les possibles.

L'intérêt de sa méthode est qu'en plus d'être pragmatique, celle-ci tient également compte de la dimension psychologique et affective. Marie Kondo encourage notamment ses lecteurs à saluer et à dire au revoir à chaque objet, pour tourner pleinement la page sans regrets.

Pour en savoir plus :

- Marie Kondo, *La Magie du rangement* (Pocket, 2016)
- www.facebook.com/KonMariFrance

Mais passons à l'aspect pratique du tri ; concrètement, comment procéder ?

Procurez-vous 4 cartons :

- Dans le premier, vous déposerez ce que vous voulez absolument **garder**.
- Dans le deuxième, vous mettrez ce que vous souhaitez **donner**.
- Dans le troisième, vous placerez ce que vous souhaitez **vendre**.
- Dans le quatrième ira ce que vous êtes obligé de **jeter** parce qu'impossible à réparer, donner ou récupérer.

Premier carton : je garde

Le premier carton est le plus facile à remplir : il contient **les objets que vous souhaitez conserver**... pour le moment.

Ce carton d'objets dont vous n'êtes pas prêt à vous séparer est important : il faut désencombrer, c'est vrai, mais pas pour autant faire table rase de votre vie, au risque de vous sentir perdu dans ce nouvel espace sans plus aucun repère. Vous savez donc que ce carton existe et que vous pouvez le conserver aussi longtemps que vous en ressentirez le besoin.

LE CONSEIL MALIN

Ne l'entreposez pas dans le garage ou la cave, pour ne pas l'oublier ou avoir du mal à y accéder, car ce carton représente, pour l'heure, une sécurité affective. Rangez-le dans un placard - qui sera d'ailleurs beaucoup plus libre lorsque vous aurez terminé votre désencombrement - et n'hésitez pas à remettre le nez dedans dès que l'envie vous prend.

Deuxième carton : je donne

Placez dans le deuxième carton **tous les objets que vous décidez de donner** ; cela implique qu'ils soient en **relativement bon état**, en tout cas **utilisables et non cassés** (ou bien réparés). N'oubliez pas que ce qui peut vous sembler inutile ou inesthétique peut rendre service à quelqu'un d'autre ou trouver grâce à ses yeux. Vous pensez que personne ne voudra de votre vieille yaourtière démodée qui a 15 ans d'âge ? Faux ! De plus en plus de personnes souhaitent s'essayer aux yaourts maison mais, par peur de ne pas réussir ou de ne pas l'utiliser suffisamment, elles ne souhaitent pas investir dans une yaourtière neuve à 100 euros. La vôtre est donc tout à fait susceptible de les intéresser !

Pensez donc autant que possible à donner les objets dont vous ne voulez plus, plutôt qu'à les jeter et ainsi générer des déchets.

À QUI EST-CE QUE JE DONNE ?

Si vous ne pouvez pas ou ne souhaitez pas vendre (parce que la somme que vous en retirerez serait trop minime et/ou que vous n'avez pas le temps, ou plus simplement parce que vous souhaitez donner à ceux qui en ont besoin sans faire de profit), ayez le réflexe Emmaüs !
À peu près tout peut y être donné, du moment que c'est encore utilisable et en relativement bon état : vêtements, meubles, jouets, livres, électroménager, plomberie, mécanique, mercerie, vaisselle...
De même, vous pouvez tout amener en recyclerie ou ressourcerie : vous y déposez vos objets divers gratuitement, et eux se chargent de les trier et de leur donner une seconde vie (plus d'infos sur www.ressourcerie.fr ; vous trouverez les recycleries près de chez vous dans l'annuaire ou en tapant « recyclerie [nom de votre ville] » dans votre moteur de recherche Internet).
Voici également quelques autres pistes pour savoir où et quoi donner :

› **Vêtements :**

– Si vos vêtements sont en bon état mais que vous ne souhaitez pas les vendre, vous pouvez les donner à des organismes ou associations d'aide et d'accueil de votre commune (maisons de retraite, centres de réinsertion, foyers de jeunes femmes, etc.) dont les budgets sont limités et qui sont toujours heureux de recevoir des vêtements, mais aussi du mobilier, des jouets, des livres, etc.

– Vous pouvez également les apporter à des organismes nationaux, comme Emmaüs, la Croix-Rouge, les Restos du Cœur, le Secours catholique, le Secours populaire, etc.

› **Objets culturels :**

– Là encore, n'hésitez pas à les donner gracieusement à des organismes ou associations d'aide ; ce n'est pas parce qu'il ne s'agit pas d'objets de « première nécessité » qu'ils ne peuvent pas apporter un mieux-être aux plus démunis. →

– Les bibliothèques et médiathèques reprennent souvent bien volontiers les livres, magazines, DVD, jeux, etc.
– Pour vos livres, il existe également des solutions alternatives comme les boîtes à livres, qui commencent à apparaître dans certaines villes (des boîtes en accès libre dans la rue, où l'on peut déposer des livres et en prendre gratuitement). Sinon, vous pouvez aussi enregistrer votre livre sur des sites comme www.liberezleslivres.com ou www.bookcrossing.com, puis le « libérer » n'importe où (c'est-à-dire le déposer où bon vous semble pour que quelqu'un puisse le prendre et le découvrir gratuitement). La personne qui le trouvera pourra savoir d'où il vient grâce à un numéro de suivi apposé à l'intérieur du livre. Une belle idée 100 % zéro déchet pour faire voyager ses livres !

› **Matériel de puériculture/jouets :**
– Les crèches ou les assistantes maternelles peuvent récupérer des jouets ou de la puériculture d'occasion (en plutôt bon état, toutefois !).
– Pensez aussi tout simplement à vos voisins ou à vos proches : les jeunes parents sont généralement bien contents de récupérer du matériel ou des affaires d'enfant souvent coûteux à l'achat et généralement très bien conservés en occasion.

› **Meubles, télévisions et électroménager :** Emmaüs récupère les meubles et l'électroménager à partir du moment où ils sont encore en état de fonctionner. Ils peuvent même venir les chercher directement chez vous.

(Retrouvez la liste de tous les sites Internet précédemment cités, et ceux qui le seront tout au long de l'ouvrage, dans nos bonus à télécharger, voir p. 285.)

LE CONSEIL MALIN

Pour donner encore plus facilement, téléchargez l'application **GEEV** pour smartphones et tablettes : il s'agit de la **première application collaborative de don et de récup' d'objets entre particuliers.** Grâce à la géolocalisation, vous pouvez donner ou récupérer autour de chez vous tout ce que vous voulez : jouets, vêtements, chaussures, livres, meubles, électroménager, équipements automobiles... Il existe également plus de 200 groupes Facebook « GEEV » partout en France. Au total, depuis son lancement en 2017, GEEV compte 600 000 inscrits et 300 000 objets adoptés. Ce dont vous n'avez plus l'usage peut faire un heureux !

Troisième carton : je vends

Vendre plutôt que jeter, c'est bien ; encore faut-il savoir où aller pour procéder efficacement sans se décourager.

Pour **vendre**, plusieurs solutions existent selon le type d'objets dont vous vous débarrassez.

OÙ EST-CE QUE JE VENDS ?

› **Vêtements :**
– Friperies.
– Vide-dressings : le site Web www.vide-dressing.org recense tous les vide-dressings organisés en France (ainsi que dans certains cantons et provinces de Suisse et de Belgique), triés par date et par département/région.
– Facebook : il existe de nombreux groupes de revente généralistes sur Facebook. Tapez « vente » ou « occasion » + le nom

→

de votre commune ou votre département dans le champ de recherche du site, et vous trouverez une multitude de groupes de revente d'occasions près de chez vous. En effectuant une recherche avec le mot-clé « vide-dressing », vous tomberez sur des groupes d'achat et de vente dédiés aux vêtements et accessoires de mode.

– Sites spécialisés dans l'achat et la vente de vêtements d'occasion : www.roseindigo.com (vêtements enfants de la naissance à 12 ans), www.colorissimomes.fr (vêtements enfants, puériculture et future maman), www.vinted.fr, www.videdressing.com, www.luckyfind.fr…

– www.mytroc.fr vous propose de troquer en ligne tout ce que vous possédez contre des noisettes (la monnaie fictive du site). Vous pourrez ensuite échanger ces noisettes contre quelque chose dont vous avez besoin (les rubriques sont très variées !).

› **Objets culturels (livres, CD, DVD, jeux vidéo) :**

– Vide-greniers : le site www.vide-greniers.org liste tous les vide-greniers organisés chaque semaine en France, Suisse, Belgique et au Luxembourg.

– Magasins d'occasions généralistes comme Easy Cash ou Cash Express : ils vous rachètent ce que vous vendez et vous payent cash (d'où leur nom), puis se chargent ensuite de le revendre en faisant une marge.

– Sites Web d'achat et de vente d'occasions, dont – les plus connus – www.priceminister.com devenu www.rakuten.com (l'acheteur paye Priceminister, qui vous paye ensuite ; l'achat et la vente sont donc sécurisés) et www.leboncoin.fr, site d'annonces de particulier à particulier (son grand intérêt est qu'on peut y poster une annonce gratuite en quelques clics seulement et que le site ne prend aucune commission sur les ventes).

– www.momox.com vous rachète tous vos produits culturels à des prix plus ou moins élevés selon l'offre, la demande et les

→

prix du marché. Une fois que vous avez atteint un minimum de 30 objets à leur revendre, ils vous fournissent un papier de prise en charge pour l'envoi. Vous n'aurez donc rien à débourser.

› **Meubles, télévisions et électroménager :**
– Magasins d'occasions (Easy Cash, Cash Express).
– Les dépôts-vente : vous laissez vos objets et vous ne toucherez l'argent que s'ils sont vendus. Dans le cas contraire, vous pourrez les récupérer ou les laisser définitivement au dépôt-vente.
– Le Bon Coin (www.leboncoin.fr) reste la référence en matière de vente d'articles d'occasion.

› **Matériel de puériculture/jouets :**
– Il existe des vide-greniers spécialement dédiés à la puériculture ; on les appelle aussi des « bourses aux jouets » (pour en trouver près de chez vous : www.vide-greniers.org).
– Là encore, les groupes d'achat et de revente Facebook seront vos amis ! Tapez « vente jouets » ou « puériculture occasion » + le nom de votre commune ou département dans le champ de recherche, par exemple.
– Et, toujours, www.leboncoin.fr, ainsi que www.colorissimomes.fr.

Quatrième carton : je jette

Lorsqu'on désencombre son chez-soi, on se retrouve facilement avec tout et n'importe quoi à jeter. Cependant, **tout ne se jette pas au même endroit**. Pensez bien que tout ce que vous mettez dans votre poubelle « normale » sera soit incinéré (ce qui implique une pollution de l'air), soit enfoui (donc une pollution de la terre).

Essayez ainsi, dans la mesure du possible, de **jeter intelligemment** les objets qui ne sont plus utilisables, ce qui commence bien entendu par un **tri rigoureux** selon le type de déchets dont vous souhaitez vous débarrasser. Notre chapitre « J'apprends à trier/jeter malin » (page 33) vous apprendra tout ce qu'il vous faut savoir sur le sujet pour jeter de façon éco-responsable.

LE CONSEIL MALIN

Si vous avez le moindre doute, n'hésitez pas à contacter la mairie de votre commune.
Plusieurs sites Internet peuvent également vous renseigner :
- ceux de votre commune, de votre centre de tri ou de votre conseil général ;
- le site www.ecoemballages.fr, sur lequel vous apprendrez tout sur le tri et le recyclage.

Une fois ce premier grand tri effectué, vous constaterez très vite que vous n'avez qu'une hâte... recommencer ! J'en suis à mon troisième désencombrement en un an et je commence de nouveau à me dire qu'il me reste des objets inutiles ou trop peu utilisés en comparaison de la place qu'ils occupent chez moi.

Heureusement, une fois le processus de désencombrement amorcé, il devient rare de faire de nouveaux achats inutiles. Sans même vous en rendre compte, vous prendrez rapidement l'habitude de réfléchir à deux fois avant d'acquérir tout nouvel objet !

Répétez ces quatre étapes de désencombrement **pour chaque pièce de la maison**, sans oublier votre dressing, le placard de l'entrée, le garage, l'abri de jardin, le grenier, etc. Croyez-moi : quasiment tout se vend ou se donne, bien plus que vous ne l'imaginez... parfois même si c'est cassé ou abîmé ; qui ne tente rien ne désencombre rien !

ET SI JE NE PEUX VRAIMENT RIEN EN FAIRE ?

Si vraiment ce n'est ni vendable ni en assez bon état pour être donné, voici quelques pistes pour jeter de manière éco-responsable.

› **Vêtements :**

– Si vos vêtements sont usés, troués ou carrément tachés, vous ne pouvez ni les vendre ni les donner. Par contre, ne les jetez pas à la poubelle ! Vous trouverez des conteneurs à textile Relais partout en France (plus d'infos sur le site www.lerelais.org), souvent aux abords des centres commerciaux, parkings, déchetteries ou autres points stratégiques de votre ville. Les textiles utilisables en l'état sont revendus à bas prix dans les boutiques Ding Fring du Relais ou destinés à l'export, favorisant ainsi l'emploi des personnes en situation d'exclusion ou dans des régions en développement, pour lutter contre la pauvreté. Les textiles non vendables sont recyclés dans le cadre de la production de chiffons d'essuyage pour l'industrie ou pour la fabrication de matières isolantes utilisées dans le bâtiment. Le restant sera détourné autant que possible en valorisation énergétique. En trente ans, plus de 2 200 emplois ont ainsi été créés par les diverses actions du réseau Relais.

– www.lafibredutri.fr vous donne une foule de conseils pour donner une seconde vie à vos vêtements et chaussures usagés, et vous indique, s'ils sont trop abîmés, comment les trier et les déposer dans des points de collecte appropriés près de chez vous.

› **Objets culturels :**

– S'ils sont en trop mauvais état, vous pouvez les jeter, mais attention à bien effectuer leur tri (voir p. 33).

– www.momox.com vous propose de recycler tous les produits culturels qu'ils ne souhaitent pas vous acheter mais dont vous ne voulez plus. Vous n'aurez qu'à les envoyer dans le même carton que ce que vous leur vendez (voir p. 27).

→

› **Meubles, télévisions et électroménager :** si vos produits sont trop abîmés ou en panne et que vous ne pouvez vraiment pas les faire réparer, vous devrez absolument passer par la case déchetterie (voir p. 38).

Chapitre 2

J'apprends à trier/jeter malin

L'objectif du zéro déchet est bien, à terme, de ne plus produire de déchets du tout. Néanmoins, il faut rester réaliste et savoir que c'est une mission difficile à accomplir, surtout en France où tout n'est pas encore mis en œuvre pour nous y aider.

En attendant un meilleur soutien de la part de l'industrie agroalimentaire et des différentes collectivités, il nous faut apprendre à composer au mieux avec les déchets que nous générons, et les limiter autant que faire se peut.

Apprenez donc à trier et jeter vos déchets dans les règles de l'art, pour commencer !

JE RECYCLE OU JE JETTE ?

Maintenant que vous avez désencombré votre intérieur (voir chapitre « On désencombre ! », p. 19), vous allez réfléchir à deux fois avant d'y entasser de nouveaux objets, et donc des déchets potentiels. Dans la suite de ce guide, vous apprendrez à acquérir de nouveaux réflexes d'achat pour éviter de ramener tout futur déchet chez vous.

Et, pour entrer dans le vif du sujet, posez-vous toujours cette question essentielle avant de ramener quelque chose à la maison : **où va finir la totalité du produit que j'ai dans les mains ?**

Je m'explique en vous donnant un exemple concret : pour l'instant, vous n'achetez pas encore vos pâtes en vrac, mais toujours en supermarché. Dans vos mains, vous avez donc un paquet de pâtes composé soit d'un emballage en plastique, soit d'un emballage en carton doublé d'un emballage en plastique à l'intérieur. Une fois ce paquet de pâtes rapporté chez vous, vous devrez déterminer où toute sa composition va finir sa vie. Les pâtes, elles, seront normalement consommées. Cependant, il vous faudra nécessairement jeter leur(s) emballage(s) – à moins que vous ne soyez un génie de l'*upcycling* (action de créer un nouvel objet avec un autre objet) et que vous en fassiez une œuvre d'art !

Alors, où jeter les différentes parties de l'emballage ? La réponse pour la plupart des Français est tout simplement : à la poubelle !

Oui, c'est vrai... mais laquelle ? C'est cela qu'il va falloir apprendre à déterminer au mieux.

Retenez ces quelques grands principes de base :

- **Dans le bac de tri :** le papier (dont les journaux et revues, sans leur emballage plastique), le carton (cartons de colis reçus débarrassés de leurs étiquettes et de leur scotch, boîtes de céréales, de gâteaux, etc.), les emballages en acier et en aluminium (boîtes de conserve, aérosols, canettes...), les briques alimentaires, les bouteilles et flacons en plastique fermés par leur bouchon (bouteilles d'eau, de jus, de lait, gel douche, shampoing, flacon de liquide vaisselle, bidon d'huile alimentaire...).
- **Dans le conteneur à verre :** tous les contenants en verre, comme les bouteilles, pots, bocaux... (mais pas la vaisselle, la

faïence et la porcelaine, qui ne se recyclent pas). Cependant, pensez à retirer le bouchon ou le couvercle et à le mettre dans la poubelle de tri.

LES CONSEILS MALINS

› On entend souvent, à tort, qu'il faut nettoyer les emballages avant de les mettre au tri ; c'est inutile, et quel gaspillage d'eau ! Il vous suffit de bien les vider au préalable (de préférence en les terminant jusqu'à la dernière goutte, et non en jetant le reste).
› N'imbriquez pas les emballages les uns dans les autres ; jetez-les en vrac dans le bac de tri, ils seront ainsi plus faciles à séparer et donc plus faciles à recycler.

(Nous n'aborderons pas ici le sujet des déchets organiques, dont nous parlerons p. 203.)

Pour vous aider, sachez que de plus en plus de moyens sont mis à votre disposition par les communes (les poubelles de couleur avec un guide explicatif – que vous pouvez réclamer à votre mairie si vous ne l'avez plus ou pas eu) et par l'industrie agroalimentaire, qui imprime sur les emballages les consignes de tri applicables aux produits que vous achetez.

Malheureusement, **ces consignes peuvent varier d'une région à l'autre**. La raison en est que tous les centres de tri ne disposent pas des mêmes technologies pour recycler vos déchets. Par exemple, dans une région, les pots de yaourt en plastique seront recyclés, et dans une autre, non.

C'est donc **à vous de faire la chasse à l'information juste**, outre le fait de suivre les consignes de tri nationales.

LE CONSEIL MALIN

Le site Internet **www.ecoemballages.fr**, rubrique « Grand public », vous guidera dans votre quête du tri parfait - il propose, entre autres nombreux conseils, un formulaire de recherche (le Guide du tri) vous permettant de vérifier, par type de déchet et par commune ou région, la consigne à suivre.

Une question d'organisation

Commencez par demander à votre mairie le **guide de tri de votre commune**, si vous ne l'avez pas déjà reçu avec vos poubelles.

Ensuite, apprenez à **faire le tri en fonction de la couleur des différentes poubelles** à votre disposition, selon le guide fourni. Par exemple, dans certaines communes, carton et plastique iront dans la même poubelle ; dans d'autres, ils seront triés dans deux poubelles différentes.

Cela implique de faire un **pré-tri chez vous** en installant plusieurs poubelles, sacs ou cartons dans votre cuisine. Pour les personnes qui habitent en ville et/ou dans un petit logement, ce n'est pas toujours évident, mais c'est une organisation nécessaire pour vous faciliter la tâche et donc persévérer dans vos efforts sans craindre de vous décourager.

Personnellement, j'ai deux poubelles (une pour les déchets résiduels que je ne peux absolument pas trier et une pour tout ce qui est recyclable), et une caisse pour le verre. Je dois ensuite faire un nouveau tri face aux poubelles communales, c'est vrai, mais je préfère ce système plutôt que d'avoir 3 ou 4 poubelles différentes dans ma maison.

À vous de trouver l'organisation qui vous convient le mieux et qui vous facilitera le plus la vie. Le but est que **cette nouvelle habitude s'intègre sans difficulté dans votre quotidien**, afin que ce ne soit pas une contrainte qui vous pèse, mais un réflexe automatique au même titre que faire la vaisselle ou ranger vos courses.

LES CONSEILS MALINS

› **Ne vous obligez pas à vider vos recyclables chaque jour :** cela deviendrait vite pesant et vos journées sont assez remplies comme ça ! Prévoyez d'y aller 1 fois par semaine, si cela correspond à votre production de déchets (ou 2 fois dans la semaine si votre carton de verre ou votre sac de tri déborde vraiment) : c'est largement suffisant, et beaucoup moins contraignant !

› **Concernant vos bouteilles en verre, pensez à bien les vider** avant de les déposer dans votre carton ou cabas de recyclage ; les résidus d'alcool, de bière, de jus, etc., attirent toutes sortes d'indésirables (comme les escargots, les limaces, les rongeurs, les asticots…), sans parler du fait que cela peut couler au fond de votre sac ou carton et vous réserver une mauvaise surprise lorsque vous irez les déposer dans le conteneur à verre (bouteilles qui collent, sac qui coule, taches sur le sol de votre voiture…).

› Dans les bacs de carton, papier, aluminium, verre, assurez-vous que ce que vous y jetez est **bien débarrassé de tout matériau qui ne serait pas recyclable**. Exemple : le scotch sur le carton de vos colis, le bouchon de votre bouteille en verre de jus de pommes, l'emballage plastique de vos revues. À l'inverse, quand vous jetez un emballage dans la poubelle à déchets, vérifiez bien que **vous ne jetez pas avec lui des parties recyclables** : par exemple, le carton gondolé à l'intérieur de l'emballage en plastique de vos gâteaux !

ET LES AUTRES DÉCHETS ?

- Concernant les **déchets plus encombrants**, la meilleure solution reste la **déchetterie** de votre commune. Pour cela, il vous faudra sûrement demander une carte de résident afin d'y accéder gratuitement (renseignez-vous auprès de votre mairie). Grâce à cette carte, vous pourrez déposer tous les objets encombrants ou difficilement recyclables (bois, métal, électroménager, gros cartons, meubles, etc.), si bien sûr vous n'avez pas pu leur trouver un second souffle en les vendant (voir p. 26) ou en les donnant (voir p. 23) ! Attention : informez-vous bien du fonctionnement de votre déchetterie, il n'est pas impossible que vous soyez limité à une certaine quantité de déchets par semaine ou par mois.

LE CONSEIL MALIN

Songez que, même cassé ou abîmé, un objet dont vous souhaitez vous débarrasser peut encore faire le bonheur de quelqu'un… voire se vendre ! C'est le cas notamment des pièces détachées (informatique, mécanique, etc.), du mobilier, du textile (le tissu non abîmé de vêtements hors d'usage peut être récupéré). Avant de jeter définitivement tout objet, **pensez « récup' »** et essayez de déterminer quels parties ou matériaux de l'objet sont récupérables et réutilisables (pour les détourner – les utiliser d'une autre façon – ou être employés dans la fabrication d'un nouvel objet).

- Les **piles et ampoules usagées** (y compris les lampes néon) **ne se jettent pas à la poubelle** ! Déposez-les dans un **lieu de collecte dédié** près de chez vous : tous les commerces vendant des piles et ampoules (supermarchés, magasins d'électronique, d'électroménager ou de bricolage, etc.) doivent proposer des bacs de collecte de piles et ampoules usagées. Vous en trouverez également en mairie et en déchetterie. Le site www.jerecyclemespiles.com vous aide à trouver des points de collecte (de piles et d'ampoules) dans votre commune. Vous pouvez également confier vos ampoules usagées à votre électricien, qui se rend régulièrement chez son fournisseur et pourra ainsi les déposer pour vous.

- Les **déchets toxiques** (peintures, solvants et dissolvants, acides, détachants, huiles mécaniques, batteries, appareils électriques, etc.) et les **déchets résultant de travaux importants** (gravats, ciment...) ne se jettent surtout pas dans la poubelle classique ! Rendez-vous dans votre **déchetterie**.
- Les **cartouches d'imprimante** : de nombreux organismes et associations les reprennent (gratuitement ou parfois même en vous les rachetant) afin de les remplir et de leur donner une seconde vie. Tapez « recyclage cartouche d'encre » dans votre moteur de recherche Internet, ou rendez-vous dans votre magasin de bureautique ou d'informatique le plus proche. Certains petits commerces de proximité s'y mettent également ! Dans tous les cas, **ne les jetez surtout pas à la poubelle**.
- Les **médicaments** et le **matériel médical usagé** ne se jettent pas ! Rapportez-les simplement, sans leur emballage (que vous aurez trié, bien sûr), **dans votre pharmacie**, qui se chargera de les éliminer dans le respect des règles sanitaires. (Le matériel médical usagé piquant ou coupant – aiguilles, scalpels, seringues – doit être rapporté dans un contenant spécifique ; demandez à votre pharmacien.)

LE CONSEIL MALIN

Cependant, avant même d'acheter des médicaments neufs, pensez à regarder ce que vous avez dans votre armoire à pharmacie pour éviter les doublons, car les médicaments en trop ou dont la date est dépassée ne seront pas utilisés ni redistribués, mais tout simplement détruits. Pour plus d'informations à ce sujet, rendez-vous sur : **www.cyclamed.org**.

Si vous avez le moindre doute, la mairie de votre commune ou votre centre de tri (voir les informations pratiques à télécharger en bonus, p. 285) pourront vous renseigner.

LE BON USAGE DES « MONSTRES »

Les « monstres », ou encombrants, est un service gratuit fourni par la plupart des communes, qui permet aux particuliers de se débarrasser de déchets volumineux et occasionnels.
Cette collecte concerne la literie, le mobilier, l'électroménager, l'audiovisuel, les équipements sanitaires, les planches, l'outillage, l'équipement de jardin, les équipements de loisirs, la ferraille, les palettes, les portes et fenêtres, les vélos, les emballages volumineux...
Mais il est interdit d'y déposer les déchets toxiques et les déchets résultant de gros travaux (voir ci-avant).
Renseignez-vous là encore auprès de votre mairie pour connaître les horaires et conditions de ramassage des « monstres ».

Chapitre 3
La cuisine et la salle à manger

De mon expérience, j'ai pu faire le constat que notre plus grande source de déchets provient d'une seule et même pièce : la cuisine. Ce n'est pas un hasard si c'est elle qui accueille généralement la plupart de nos poubelles...

Nous allons donc très logiquement commencer notre chasse aux déchets par la pièce la plus prolifique de la maison !

NON AU JETABLE, OUI AU DURABLE

Une cuisine zéro déchet, c'est une cuisine qui permet, autant que possible, de limiter sa production de déchets. Il est donc évident que le jetable n'y a que très peu sa place ! Diverses astuces très simples sont faciles à mettre en œuvre pour faire la chasse au jetable dans sa cuisine et **faire la part belle au durable** :

- Pour bien cuisiner, il faut avant tout **disposer de produits et d'ustensiles de bonne qualité**. Il est inutile de vous encombrer de cinq casseroles et quatre poêles différentes, mais **le peu que vous possédez doit satisfaire à tous vos besoins, et tenir sur la durée** – sans parler du fait que des casseroles, poêles et autres contenants à cuire de bonne qualité préservent et concentrent mieux la saveur et les bienfaits de ce que vous cuisinez. Il vaut donc mieux mettre 100 euros dans une solide casserole en Inox, fonte ou céramique qui vous servira toute votre vie, que 20 euros dans une casserole antiadhésive que vous devrez renouveler tous les deux ans. Ayez ce même raisonnement pour tous les ustensiles, couverts et vaisselle que vous achèterez désormais. **Pensez qualitatif plutôt que quantitatif** et vous verrez qu'au final, vous serez gagnant et ferez des économies, en plus de jeter moins.

LE CONSEIL MALIN

Voici un geste récup' que vous avez forcément déjà fait une fois dans votre vie, surtout si vous avez des enfants : conserver les pots à moutarde ! Un grand classique pour qui veut des verres solides et durables. Le gros avantage, c'est qu'il en existe à la fois pour les enfants, avec de jolis motifs ou leurs personnages préférés, mais aussi des verres plus sobres qui plairont aux plus grands.
Continuez ainsi et constituez votre petite collection de verres durables récup' !

- Le jetable n'est pas l'ami de l'écologie ni de l'économie. Quel intérêt d'acheter des serviettes en papier ou de l'essuie-tout que vous allez utiliser une fois, jeter, puis acheter de nouveau pour l'utiliser une fois et le jeter ? Outre le fait qu'ils polluent et encombrent vos poubelles, ces jetables pèsent lourd sur votre budget annuel. **Passez donc au lavable :**
  – Un tablier pour cuisiner sans craindre les éclaboussures de sauce, c'est tout de même plus joli que de nettoyer désespérément ses vêtements préférés avec un essuie-tout...

– Une table bien dressée avec de jolies assiettes et de beaux verres ne mérite-t-elle pas d'être également parée de belles serviettes en tissu ?

– Les torchons, ça, vous connaissez déjà, mais on oublie qu'ils ne servent pas qu'à essuyer la vaisselle propre ; ils sont également très utiles pour nettoyer le plan de travail ou une tache sur la gazinière – on s'en fiche : ils sont lavables ! Une petite lavette en microfibre mouillée avec de l'eau ou un peu de vinaigre blanc suffit amplement pour tout nettoyer.

LES CONSEILS MALINS

Même les éponges double face (vous savez, jaunes d'un côté et grattantes de l'autre) peuvent être remplacées par le durable ! **Connaissez-vous les tawashi ?** Ce sont des éponges textiles que vous pouvez utiliser pour la vaisselle ou pour nettoyer les taches. Vous pouvez réaliser votre propre *tawashi* tricotée ou crochetée en mailles serrées (en acrylique de préférence, pour sa texture « grattante »), ou, encore plus simple et zéro déchet, en utilisant un vieux T-shirt ou des collants troués que vous allez tisser (vous trouverez un excellent tutoriel sur le blog www.luizzati.com/blog en tapant « DIY tawashi » dans le champ de recherche à gauche). Si vous avez affaire à des traces particulièrement incrustées, de l'eau chaude, du savon et un temps de trempage suffisant devraient aider votre *tawashi* à en venir à bout ; si vraiment cela ne suffit pas, une brosse en bois et poils souples ou durs vous aidera à gratter les taches les plus résistantes. Notez également qu'un peu de bicarbonate de soude saupoudré sur la tache conférera à votre *tawashi* un côté abrasif équivalent à votre ancienne éponge grattante industrielle – tout en restant une option 100 % naturelle ! Et quand votre *tawashi* est trop sale, hop ! un petit tour en lave-linge.

- La **déco façon récup'**, ça vous parle ? La cuisine a beau être avant tout fonctionnelle, c'est quand même plus agréable quand on s'y plaît ! En plus d'aider à sauver la planète, votre budget et votre bien-être, le zéro déchet permet aussi de détourner ce que l'on ne jette pas pour lui donner un second souffle et, par exemple... décorer son intérieur :
  – Pensez donc aux bocaux en verre, pots à confiture, à miel, etc., pour accueillir pâtes, riz, sauces, pâtes à tartiner, compote ou confitures maison ; tous vos ingrédients et vos préparations *home made*, mis dans de **jolis bocaux récupérés**, bien nettoyés et posés sur une étagère ou sur votre plan de travail, seront du plus bel effet dans votre cuisine ou votre garde-manger !
  – Les pots en verre peuvent également faire office de **photophores** : soyez créatif et customisez-les comme bon vous semble (avec de la peinture pour verre, du papier de soie collé dessus, des paillettes, de la dentelle – récupérée ! –, des dessins de vos enfants ramenés de l'école, etc.), placez-y une bougie chauffe-plat, et voilà de quoi tamiser et décorer agréablement la table pour un repas de fête ou plus intimiste.
  – Les bocaux et bouteilles en verre peuvent être réutilisés en guise de **luminaires** originaux ! Un système de suspension, une ampoule retenue dedans : vous rivaliserez avec les plus grands designers pour trois fois rien, et zéro déchet !
  – **Conserver les sacs**, c'est l'une des bases du zéro déchet pour faire vos courses en vrac et transporter diverses choses. Mais avez-vous déjà pensé à les détourner pour en faire... de la **déco** ? J'ai conservé il y a peu un sac en papier de la boulangerie sur lequel était inscrit, en lettres vintage, le message suivant : « Soit vous avez beaucoup d'amis, soit vous êtes TRÈS gourmand. » Personnellement, j'ai adoré ! Je l'ai mis sous cadre, accroché au mur : il s'intègre totalement dans ma cuisine et interpelle tous ceux qui y rentrent ! La plupart des sacs (en papier, en plastique, etc.) présentent

des motifs plutôt esthétiques, des messages amusants, des imprimés originaux ; plutôt que de vous jeter sur une affiche Ikea toute neuve (et l'emballage plastique qui va avec), apprenez à lorgner autrement sur vos sacs du quotidien, avec l'œil averti d'un décorateur d'intérieur, et retapissez vos murs de façon inédite !

Il existe de nombreuses façons de passer du jetable au durable en cuisine. Parfois, il faut simplement laisser aller votre imagination et vous trouverez vous-même des idées sympas et originales pour **utiliser le durable, recycler et détourner le jetable de manière à la fois pratique et esthétique.**

UN MOT D'ORDRE : ORGANISATION !

L'organisation est et restera toujours le maître mot dans votre quête du zéro déchet. Elle est en effet indispensable pour **mettre en place de nouvelles habitudes sans en faire des contraintes trop pénibles à accomplir quotidiennement.**

Tour d'horizon des conseils malins pour une cuisine éco-responsable, organisée et facile à vivre !

Je planifie mes menus

Pris que nous sommes dans le tourbillon du quotidien et de nos multiples obligations, nous faisons souvent les choses à la dernière minute, sans les organiser à l'avance. Combien de fois nous est-il arrivé de faire nos courses dans l'urgence parce que le frigo était vide et d'acheter bien plus que ce dont nous avions réellement besoin pour la semaine ?

Planifier ses menus à l'avance peut paraître rébarbatif au premier abord ; mais vous allez vite constater que **vous y gagnez beaucoup**, non seulement sur le temps que vous passez à faire vos courses (vous n'achetez que ce dont vous avez besoin et vous savez précisément ce dont vous avez besoin, donc **vous allez plus vite**), mais aussi et surtout sur votre ticket de caisse (un menu réfléchi, ça implique des courses réfléchies, ça limite les tentations et, en toute logique, **moins et mieux vous achetez, moins et mieux vous dépensez**).

Lorsque vous avez un peu de temps le week-end, posez-vous 30 minutes devant une feuille blanche, un cahier ou votre ordinateur. Vous allez **prévoir vos menus pour la semaine à venir** – ou, si vous préférez, pour les deux semaines ou le mois à venir ; suivez l'organisation la plus facile et la moins contraignante pour vous.

Dressez la **liste des plats que vous aimez cuisiner et que vous cuisinez facilement et souvent**. Ajoutez-y **quelques plats que vous aimez, mais qui sont plus longs à préparer** et auxquels vous êtes habituellement obligé de renoncer par manque de temps ou parce que vous n'avez pas les bons ingrédients. Enfin, si vous avez besoin de compléter votre liste, cherchez quelques idées de repas sur Internet (le site **www.marmiton.org** regorge de bonnes recettes classiques ou plus originales, classées par type de repas, ingrédients à disposition et/ou niveau de difficulté).

Établissez ensuite votre liste de courses de la semaine en **fonction de vos menus**, ce qui vous évitera les achats compulsifs, superflus et donc coûteux. N'oubliez pas : cela vous aidera à ramener le moins de déchets possible à la maison !

Des courses bien préparées

Pour des courses optimisées, planifiez-les aussi !

- Si vous devez aller dans plusieurs commerces ou marchés, choisissez-les **proches de chez vous** (idéalement, sans avoir besoin de prendre votre voiture) ou **limitez au maximum le temps de trajet** en suivant un parcours logique qui vous évite des détours superflus.
- Si vous connaissez bien votre ou vos magasins, organisez votre liste de courses de manière à **suivre l'agencement des rayons** : là encore, vous éviterez les tentations et achats superflus, donc les dépenses et les déchets inutiles.
- Plusieurs sites et applications peuvent vous faciliter la tâche, comme La fabrique à menus, Weecook et Ziplist.

Avant de partir faire vos courses, soyez prévoyant pour limiter les futurs déchets que vous ramènerez chez vous : préparez vos sacs en tissu, bocaux en verre et autres récipients durables à l'avance pour **acheter autant que possible en vrac et non emballé.**

Pour les courses de dernière minute, **ayez toujours un sac** en toile pliable dans votre sac à main, votre sac à dos ou la poche de votre blouson (vide, ça ne prend quasiment pas de place !) **et des sacs ou cabas durables** dans le coffre de votre voiture.

LE CONSEIL MALIN

N'oubliez pas également, dans la voiture, un sac à surgelés : on en a toujours besoin précisément quand on n'en a pas sous la main...

MES COURSES ZÉRO DÉCHET, MODE D'EMPLOI

Voici les quatre commandements du bon « zéro wasteur » en ce qui concerne l'art de faire les courses :

- **acheter local** ;
- **acheter bio** ;
- **acheter de saison** ;
- **acheter en vrac.**

En suivant autant que possible ces quatre grands principes, vous allez faire beaucoup à la fois pour la planète, pour votre portefeuille et pour votre santé !

J'achète local

Acheter local, c'est non seulement **plus écologique**, car cela évite le transport des marchandises, mais c'est aussi **plus économique**, car le prix du transport, justement, est toujours supporté par l'acheteur. Acheter local permet également de connaître la provenance exacte des produits consommés, ainsi que les modes de culture ou d'élevage. Enfin, cela permet de **faire travailler les producteurs locaux** et de contribuer ainsi à soutenir l'économie française, et surtout la micro-économie de nos régions.

La façon la plus simple pour consommer local, c'est de **faire vos courses au marché**. Attention toutefois à bien demander au vendeur s'il est producteur ou simplement revendeur : en effet, certains stands de marché sont tenus par des revendeurs qui achètent leurs produits dans des halles du type Rungis. Dans ce cas-là, les produits peuvent provenir de toute la France mais également de l'étranger.

Dans la mesure du possible, essayez d'acheter des **produits frais pour le jour même**.

LE CONSEIL MALIN

Si vous avez la chance d'habiter dans une région agricole, vous pouvez également vous rendre directement à la ferme ! Le site http://agriculture.gouv.fr/consommation-manger-local-partout-en-france vous propose un **annuaire assez complet de tous les organismes, associations et sites Internet à même de vous informer et de vous mettre en lien avec les circuits courts proches de chez vous.** Ce dossier propose également une liste, non exhaustive, des initiatives locales, régionales et nationales qui valorisent les circuits courts, pour favoriser une consommation et une économie locales. Ces initiatives sont classées par région, pour vous permettre de trouver facilement près de chez vous un producteur, un regroupement de producteurs, un drive fermier, des magasins de vente directe, etc.

AMAP ET CIRCUITS COURTS

Les Amap (Associations pour le maintien d'une agriculture paysanne) sont des associations regroupant plusieurs producteurs d'une même région, souvent bio, qui proposent de vous préparer un panier hebdomadaire de produits frais et de saison de leurs fermes (fruits, légumes, œufs, fromages, pain, etc.) contre abonnement. En passant par une Amap, vous valorisez ce qu'on appelle les circuits courts, c'est-à-dire les producteurs locaux et donc l'économie locale, vous aidez les petits producteurs à ne pas brader leurs marchandises à de gros groupes agroalimentaires, mais vous bénéficiez également vous-même de tarifs plus justes et d'aliments de première fraîcheur ; tout le monde y gagne !
Pour en savoir plus sur le réseau Amap et trouver une association près de chez vous : www.reseau-amap.org.

J'achète bio

Manger bio, ce n'est pas toujours évident ; pourtant, c'est une nécessité à bien des égards. Tout d'abord **pour votre propre santé et celle de vos proches** : on ne compte plus les scandales agroalimentaires en cause dans nombre de maladies et perturbations physiologiques. Bien que tout ne soit pas encore prouvé ou révélé au grand public pour des raisons politiques et financières, il est évident que manger bio – c'est-à-dire des produits sains, naturels, cultivés sans adjonction de produits nocifs – ne peut avoir que des conséquences positives sur votre santé.

Manger bio permet également, par extension, de protéger l'environnement, la faune et la flore. Même si tous les labels bio n'offrent pas la même rigueur au sujet des pesticides et autres méthodes de culture (voir ci-après l'encadré « Quels sont les labels à suivre ? »), ils garantissent néanmoins toujours le respect du bien-être animal.

Les produits bio rebutent souvent car ils coûtent généralement plus cher et ne sont pas toujours évidents à trouver – c'est un engagement à prendre pour son propre bien-être et celui de la planète : bien sûr, produire en masse, intensivement et en forçant la nature par l'ajout de substances pesticides et autres toxiques, ça permet de vendre plus et plus vite, donc de vendre moins cher. Mais à quel prix écologique, humain, moral ? **Le coût du non-bio n'est pas sur l'étiquette en caisse, mais dans ses répercussions néfastes à tous les niveaux**.

La bonne nouvelle, c'est qu'en suivant les trois autres commandements du bon « zéro wasteur » (acheter local, de saison et en vrac – voir ci-avant et ci-après), vous parviendrez à trouver un équilibre budgétaire qui vous permettra de **consommer bio sans débourser plus** !

QUELS SONT LES LABELS À SUIVRE ?

› « **AB** », et maintenant « **Label européen** » : sans pesticides, sans traitement chimique, alimentation animale majoritairement à base de céréales, pas plus de 0,9 % de traces d'OGM (contamination fortuite), recours limité aux traitements vétérinaires, espace minimal et accès de plein air garantis aux animaux.

› « **Bio Cohérence** » : critères du label européen + activités de l'exploitation exclusivement bio ou en reconversion bio, interdiction totale de traces d'OGM, 100 % d'ingrédients bio dans les produits transformés, traitements vétérinaires plus restreints.

› « **Nature & Progrès** » : critères du label européen + exploitation totalement bio, alimentation animale 100 % bio, interdiction totale de traces d'OGM, environnement extérieur de l'exploitation non polluant et préservant les ressources collectives.

› « **Demeter et Biodyn** » : critères du label européen + préparations naturelles pour vivifier la terre, limitation de la taille de l'exploitation, réutilisation maximale des déchets végétaux et animaux.

› « **Équitable Ecocert** » : conformité avec le label européen, production équitable, limitation de l'emballage et du transport jusqu'au consommateur.

› « **Bio Équitable** » et « **Bio Solidaire** » : critères du label européen + prix minimum d'achat garanti aux producteurs locaux, production éthique, agriculture durable.

Où acheter bio ?

Biocoop, Naturalia, Satoriz, La Vie Claire... Le choix est désormais plutôt vaste, sans parler des petites enseignes locales, mais si tous ces magasins jouent le jeu du bio, ils ne jouent pas forcément celui du vrac ni du local. Comme toujours, **à vous d'être attentif à ce que vous achetez.** Lisez bien les étiquettes. Ça peut paraître contraignant au début, mais si vous faites cet effort les premières semaines, vous trouverez vite les bonnes adresses et les astuces pour trouver du bio, en vrac, local et de saison. Vous pouvez également vous procurer des guides ou annuaires, papier ou en ligne, de producteurs bio par région : demandez à votre conseil général ou régional, à votre mairie, ou renseignez-vous sur des sites Internet comme **www.annuairevert.com** ou **http://annuaire.agencebio.org**.

J'achète de saison

Acheter de saison ne comporte que des avantages ! Un **avantage financier** non négligeable, tout d'abord : les produits de saison sont généralement moins chers contrairement aux produits hors saison (tomates en hiver, par exemple) qui, eux, doivent être importés (puisque non produits localement). Ce qui implique un impact environnemental moindre, puisqu'il n'y a justement pas de transport longue distance nécessaire. Enfin, **les qualités nutritionnelles sont préservées** : si tel fruit ou légume n'est disponible qu'en telle ou telle saison, c'est parce que c'est à ce moment-là qu'ils sont à maturité, et donc pleinement gorgés de nutriments et de bienfaits.

À CHAQUE SAISON SES FRUITS ET LÉGUMES !

C'est une aberration que de s'obstiner à consommer des fraises ou des tomates en plein hiver. Faites plutôt des conserves à la saison correspondante !
Respecter la saisonnalité des fruits et des légumes présente plusieurs avantages :

› **Vous redécouvrez des produits** que votre routine vous empêchait de cuisiner (plus de tomates en hiver ; place au panais et au topinambour !).

› **Vous faites des économies :** des fraises en hiver, c'est nécessairement une provenance lointaine, donc un acheminement coûteux.

› **Vous améliorez votre santé :** transporter sur d'aussi longues distances des fruits et légumes fragiles ne peut se faire sans les avoir aspergés au préalable de produits chimiques destinés à améliorer leur conservation… Si la nature est faite comme elle l'est, ce n'est pas par hasard : les fruits et légumes se conservent le mieux et apportent le plus de bienfaits lorsqu'ils sont consommés à leur maturité naturelle.

› **Vous réduisez votre impact écologique sur la planète.** Plus nous serons à consommer de saison, moins de produits auront besoin d'être acheminés sur de longues distances, et moins de produits chimiques seront employés. Cet effort peut vous paraître dérisoire… mais n'oubliez pas que les fleuves eux-mêmes sont constitués de gouttes d'eau.

Vous pouvez télécharger (voir p. 285) une liste en couleur fournie (bien que non exhaustive, tant ils sont nombreux !) des fruits et légumes par saison. Le petit plus malin : imprimez-la pour l'afficher bien en vue, par exemple sur votre réfrigérateur !

J'achète en vrac

L'achat en vrac est un passage obligé de la démarche zéro déchet, justement parce qu'il n'y a pas d'autre déchet que le produit lui-même, qui sera entièrement consommé. **Chaque produit que vous achetez en vrac ne sera donc générateur d'aucun déchet**... un effort peu contraignant à mettre en œuvre, mais à l'impact ô combien bénéfique pour la planète !

L'autre grand avantage du vrac est son prix : **un produit brut coûte en effet moins cher qu'un produit emballé**, puisque vous n'avez plus à payer le prix de l'emballage, du recyclage (avec la taxe « éco-emballage ») et de la conception du visuel de l'emballage.

Le réseau des magasins proposant la vente en vrac tend progressivement à s'étendre en France, même s'il est encore timide au regard d'autres pays. Tous les magasins bio, en revanche, présentent un large choix de vente en vrac : pâtes, riz, quinoa, lentilles, muesli, gâteaux apéritif, graines diverses, farine, sucre, café, chocolat, fruits secs, gâteaux divers... mais aussi lessive, liquide vaisselle, gel douche, shampoing, etc. ! Le réseau de magasins bio, toutes chaînes confondues, étant de nos jours de plus en plus présent sur le territoire, vous devriez facilement trouver où faire vos courses en vrac. Même les supermarchés s'y sont mis depuis peu !

Il existe également depuis peu une **chaîne d'épiceries de vrac en France : la franchise Day by Day** (http://daybyday-shop.com), avec des magasins dans la plupart des villes.

Pour vous faciliter la tâche, le site **www.consovrac.com** répertorie tous les acteurs de la vente en vrac près de chez vous !

LE CONSEIL MALIN

Vous pouvez également faire vos courses dans un magasin proposant des « **gueules cassées** ». Ce sont des fruits et légumes « moches », c'est-à-dire qui ne correspondent pas au calibre exigé par les supermarchés, ou bien des produits présentant de petits « défauts » visuels, ou proches de la date limite de consommation, et donc **vendus moins cher**. S'ils sont « inesthétiques » vus de l'extérieur, l'intérieur en est tout aussi bon (si ce n'est meilleur !) que les produits standardisés du commerce. Ces fruits et légumes sont repérables grâce à une étiquette dédiée « Les Gueules Cassées »
Pour soutenir l'initiative, l'aider à se développer et suggérer à votre magasin habituel de vendre des « gueules cassées », rendez-vous sur le site www.lesgueulescassees.org.

Plus traditionnel et indémodable, le **bon vieux marché** vous permet lui aussi de faire facilement vos courses en vrac, pourvu que vous soyez correctement équipé (voir encadré ci-dessous).

LES INDISPENSABLES POUR ACHETER EN VRAC

Faites vos courses les mains vides : vous reviendrez forcément avec des déchets supplémentaires, même en achetant du vrac. En effet, il faut bien mettre vos produits en vrac quelque part... Certes, ces magasins proposent des sachets en papier que vous pourrez réutiliser (donc zéro déchet), mais ils ont une durée de vie limitée et si vous voulez ancrer cette nouvelle façon de consommer dans votre quotidien, il vous faut des astuces pérennes et pratiques pour des courses en vrac sereines.
Ainsi, vous aurez besoin :

› d'un **petit sac en tissu pliable** pour les courses imprévues, dans votre propre sac ou votre voiture ; →

› de **sacs solides et durables** pour les courses plus importantes (cabas, sacs en toile, sacs plastique réutilisables…) ;
› de **petits contenants faciles à transporter**, solides et réutilisables pour séparer vos différents achats et qu'ils ne se retrouvent pas en vrac, justement, dans votre sac de courses (petits sacs en tissu, papier ou plastique) ;
› de **petits contenants en verre avec couvercle** pour accueillir les produits frais (viande, poisson, fromage, etc.) ;
› de **moyens et grands contenants en verre avec couvercle** et/ou **bocaux en verre** pour stocker facilement tous vos achats en vrac à la maison (et éviter au passage la désagréable visite de mites, rongeurs et autres indésirables).

LES CONSEILS MALINS

› Faites de la récup' pour vos courses en vrac ! Il arrive toujours qu'on ait besoin d'acheter un cabas en plus au supermarché parce qu'on a oublié le sien, de mettre ses fruits et légumes dans un sac en plastique du rayon primeur, de récupérer un sac kraft de la Biocoop ou de revenir d'une séance shopping (même zéro déchet !) avec des sacs en plus. **Conservez précieusement tous ces contenants** : outre le fait d'éviter de les mettre à la poubelle, ils vous seront forcément utiles un jour ou l'autre. Par exemple, vous pouvez les disséminer à divers endroits stratégiques afin de ne jamais en manquer : un dans votre sac, trois ou quatre dans la voiture, deux dans le hamac de rangement de la poussette du petit dernier et le reste dans l'entrée, prêts à embarquer pour des courses zéro déchet à l'improviste.
› N'hésitez pas également à **faire savoir autour de vous** que vous récupérez avec plaisir les sacs et contenants de toutes sortes (cagettes, bocaux en verre, boîtes en plastique…) : vos proches

→

feront une bonne action en évitant de les jeter (vous pourrez en profiter pour les sensibiliser en douceur au zéro déchet !) et vous, vous aurez de quoi ranger vos courses en vrac et votre maison sans débourser un centime.

› Enfin, si vous souhaitez vous équiper en bocaux et contenants à moindre coût, ayez le **réflexe Emmaüs** (www.emmaus-france.org) ! Vous trouverez là-bas, à tout petits prix, de nombreux pots en verre, bocaux, bouteilles, **contenants en verre avec couvercle** (parfois vintage !) et autres contenants auxquels vous pourrez accorder une seconde jeunesse sans miner votre portefeuille.

HALTE AU GASPILLAGE !

L'un des grands avantages de prévoir ses menus à l'avance et de faire ses courses de manière organisée, en essayant autant que possible d'acheter des produits frais, c'est qu'on **limite le gaspillage**. Qui n'a jamais jeté un pack entier de yaourts périmés oubliés au fond du frigo parce qu'il en avait racheté en trop ? Qui n'a jamais mis à la poubelle de vieux légumes tout défraîchis auxquels personne n'a touché une seule fois ? Du gâchis pour la planète et pour votre porte-monnaie.

Pour éviter cela, la solution est d'apprendre à **composer avec les restes du frigo**, plutôt que de se ruer dans son supermarché dès qu'il nous manque le moindre ingrédient.

LE CONSEIL MALIN

Quelques sites Internet bien pratiques vous donneront de bonnes idées de recettes pour terminer facilement les restes de votre frigo et de vos placards :

- le blog www.lapetitecuisinedenat.com ;
- l'annuaire de recettes www.marmiton.org (on peut chercher des recettes en rentrant les produits qu'on a à disposition ; très pratique pour savoir quoi cuisiner à partir des restes du frigo).

Cependant, il peut encore arriver qu'on rate une date de péremption et qu'on se retrouve avec des yaourts périmés de la veille. Rassurez-vous : le yaourt ne s'est pas désintégré au douzième coup de minuit ! **Il faut savoir que beaucoup d'aliments sont encore consommables bien après les dates indiquées sur les paquets.**

PÉRIMÉ SIGNIFIE-T-IL IMMANGEABLE ?

Il faut différencier la DLC (date limite de consommation) et la DLUO (date limite d'utilisation optimale) indiquées sur les paquets :

- La **DLC est à prendre très au sérieux** et concerne souvent des aliments qui peuvent représenter un danger pour la santé si cette date est fortement dépassée (je dis « fortement » car, encore une fois, le produit ne devient pas immangeable en une nuit).
- La **DLUO**, quant à elle, est **simplement une indication de qualité et de saveur** du produit, mais rien n'empêche que vous le consommiez bien au-delà de cette date.

Bien entendu, ce sont des indications de temps, mais c'est **à vous d'être vigilant sur l'aspect et l'odeur de l'aliment** que vous souhaitez consommer après la date de péremption, et parfois même avant !

→

> Nous ne sommes jamais à l'abri d'un produit frais dont la chaîne du froid n'a pas été respectée… **Au moindre doute** (odeur suspecte, aspect inhabituel, goût en bouche désagréable), **ne prenez aucun risque et jetez le produit** : dans ces cas-là, votre santé passe avant le gaspillage.

Mais si tout vous semble normal, ne soyez pas trop craintif en cas de date de péremption dépassée ; voici un petit visuel de divers produits consommables même après péremption :

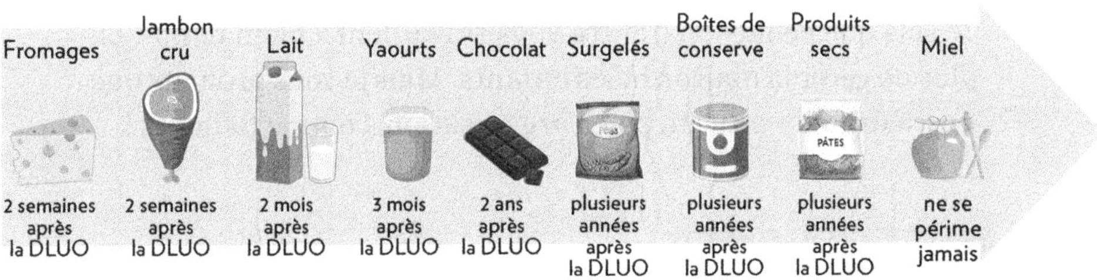

LES BIENFAITS DU FAIT-MAISON

C'est vrai, le bio est plus cher à l'achat que les produits bourrés de pesticides. Consommer bio, c'est très bien, mais il faut trouver des moyens malins pour s'y retrouver au niveau du portefeuille. Nous savons qu'acheter en vrac, local et de saison (voir p. 48) permet de faire des économies. Préparer ses menus et faire des courses organisées permet également de limiter les dépenses. Limiter le gaspillage alimentaire, c'est encore quelques sous gardés de côté.

Pour soulager pleinement votre budget, voici une dernière éco-astuce, et non des moindres : **le fait-maison** ! Tout ce que vous faites vous-même, c'est autant de préparation et de main-d'œuvre **que vous ne payez pas** dans le produit fini – et **autant d'emballages en moins.** En outre, plutôt que de payer des plats ou produits tout prêts, vous vous contentez d'acheter des produits de base peu onéreux comme la farine, les œufs, les fruits et légumes, pour en faire des plats, des desserts, des goûters **bien meilleurs et plus sains** que les produits industriels prêts à consommer. Et quelle satisfaction pour vous, tant pour ce que vous réalisez que pour le cercle vertueux d'autosuffisance dans lequel vous entrez !

Je sais que beaucoup d'entre vous travaillent à plein temps, en plus de gérer la maison et les enfants. Mais je vous promets que c'est faisable – avec un peu d'organisation, comme toujours !

LES CONSEILS MALINS

› Pour aller plus loin dans la cuisine faite maison, je vous recommande l'excellent *Fait maison – La petite épicerie home made* de L. et G. Laurendon, C. Quévremont et C. Ytak (éditions Marabout, 2011) : pains, conserves, charcuteries, yaourts, pâtes fraîches, condiments, confitures, pâtes à tartiner, biscuits, confiserie, sirops… une bible ! Consultez également l'excellente collection de livres « Fait maison – Recettes testées à la maison » de l'éditeur Hachette cuisine, déclinés sur tous les thèmes et pour toutes les envies !

› Et pour aller plus loin dans le fait-maison en général, plongez dans *Je fais tout moi-même* de Nathalie Cayzac (Leduc éditions, 2015), un guide bourré d'astuces et de recettes *home made* en cuisine, bien sûr, mais aussi pour l'entretien de la maison, la cosmétique, la santé…

Nos recettes faciles zéro déchet

Voici quelques recettes simples et peu coûteuses de plats, desserts, goûters faciles à intégrer dans votre quotidien ; **chaque recette que vous réalisez vous-même, c'est un produit industriel que vous n'achetez pas, donc des économies en plus et des déchets en moins**, pour un goût tout aussi savoureux, voire bien souvent nettement meilleur !

LE CONSEIL MALIN

Le petit plus de ces recettes (et de bien d'autres), c'est qu'elles sont déclinables à volonté : les légumes de votre choix, la garniture que vous aimez, l'assaisonnement qui vous plaît le plus ; maintenant que vous avez les recettes de base, vous allez pouvoir les varier à l'infini très facilement. Nous vous proposons 6 recettes, mais vous allez en réaliser bien plus que cela !

Les soupes

En hiver, privilégiez une bonne soupe chaude le soir, accompagnée de croûtons maison et de quelques légumes poêlés ou d'une tranche de jambon.
Voici une recette de soupe de poireaux, que vous pourrez ensuite décliner avec les légumes de votre choix.

- Temps de préparation : 10 minutes.
- Temps de cuisson : 30 minutes.

Ingrédients (pour 4 pers.) :

- 2 poireaux ;
- 2 pommes de terre ;

- eau ;
- crème fraîche ;
- basilic frais ;
- 50 g de beurre ;
- sel, poivre.

Préparation

- Lavez bien les poireaux, notamment entre les feuilles, puis coupez la racine et le haut des feuilles. Émincez-les. Lavez bien les pommes de terre et détaillez-les en morceaux. Lavez et ciselez le basilic.
- Dans un fait-tout, faites revenir les poireaux avec le morceau de beurre, puis ajoutez les pommes de terre.
- Remuez et versez de l'eau jusqu'à recouvrir les légumes. Salez, poivrez, puis laissez cuire de 20 à 30 minutes (vérifiez que les légumes sont fondants en piquant une fourchette dedans).
- Mixez le tout, puis ajoutez la crème fraîche (pour obtenir un velouté) et le basilic ciselé.

LES CONSEILS MALINS

› Quelques idées d'associations de légumes : céleri et courgette, potimarron et pomme de terre, potiron et carotte, tomate et chou-fleur, courgette et fenouil…

› Faites de la soupe d'avance pour au moins 3 soirs et conservez-la soit au réfrigérateur, soit au congélateur pour une utilisation ultérieure.

NE LES ÉPLUCHEZ PAS !

Certains légumes sont encore meilleurs avec la peau, parce qu'elle conserve leurs vitamines, minéraux, antioxydants, fibres et autres nutriments ; c'est le cas de la pomme de terre, l'aubergine, le poivron, la courgette, la carotte, le panais et le concombre.
Mais attention, leur peau n'est bonne que s'ils sont bio, sinon gare aux pesticides ! Et veillez à bien les laver au préalable.

Les mijotés

Les mijotés nous ramènent dans notre enfance et nous proposent des plats consistants tout à fait adaptés à la saison hivernale. Pour résumer, vous jetez dans une casserole quelques légumes coupés et quelques morceaux de viande, vous recouvrez d'eau, vous assaisonnez à votre goût et vous laissez mijoter à couvert sans trop vous en préoccuper. La seule difficulté, c'est de s'y prendre à l'avance (1 à 2 heures de cuisson).
J'ai vécu au Portugal lorsque j'étais petite et j'en garde le souvenir ému d'un mijoté simplissime que je reproduis de temps en temps : l'estufado.

- Temps de préparation : 15 minutes.
- Temps de cuisson : 1 heure.

Ingrédients (pour 4 pers.) :
- 1 kg de blanc de poulet ;
- 100 ml d'huile d'olive vierge extra (1re pression à froid) ;
- 100 ml de vin blanc ;
- 3 carottes ;
- 400 g de petits pois frais ;
- 1 feuille de laurier ;

- 4 gousses d'ail ;
- 1 kg de pommes de terre (petites) ;
- 2 oignons (moyens) ;
- eau ;
- sel, poivre ;
- concentré de tomate.

Préparation

- Lavez les pommes de terre et détaillez-les en cubes. Lavez les carottes, puis découpez-les en rondelles. Détaillez le blanc de poulet en morceaux. Épluchez et émincez l'ail et les oignons. Lavez les petits pois.
- Dans un fait-tout, versez l'huile d'olive et faites-y revenir quelques instants la viande, l'ail et l'oignon (le temps de légèrement colorer la viande).
- Ajoutez les petits pois, les pommes de terre, les carottes et le laurier, puis recouvrez d'eau. Salez et poivrez à votre convenance.
- Ajoutez un peu de concentré de tomate pour colorer la préparation, puis le vin blanc, et mélangez un peu. Laissez cuire, à feu doux, pendant 30 minutes à couvert (afin que l'eau ne s'évapore pas complètement), puis sans couvercle pendant encore 30 minutes environ.
- Piquez la viande et les pommes de terre pour vérifier si elles sont cuites. Si ce n'est pas le cas, ajoutez un peu d'eau si nécessaire et laissez mijoter encore quelques instants.

LE CONSEIL MALIN

Faites des quiches/tartes ! Ce que j'aime dans les quiches et les tartes, c'est qu'une fois que vous avez les ingrédients de base (pâte feuilletée ou brisée et œufs – pour les quiches), vous pouvez y mettre ce que vous voulez ! Je finis d'ailleurs souvent mes restes dans une tarte, que j'accompagne d'une salade, elle aussi composée de restes. Tarte courgette/chèvre ou tomate/moutarde, quiche au thon, « tarte-tout-aux-restes »... tout est envisageable !

Gâteau au yaourt

Impossible à rater, très facile à préparer, un délice à déguster pour petits et grands ! Tellement facile à faire que je vous conseille de réaliser ce gâteau avec vos enfants, pour un moment de partage gourmand.

- Temps de préparation : 15 minutes.
- Temps de cuisson : 30 minutes.

Ingrédients (pour 4 pers.) :
- 1/2 paquet de levure chimique ;
- 1 pot de yaourt nature (conservez le pot, qui fera office de mesure pour le reste des ingrédients) ;
- 1/2 pot d'huile de colza (ou de tournesol) ;
- 2 pots de sucre en poudre ;
- 3 pots de farine ;
- 2 œufs ;
- 1 zeste de citron jaune bio ;
- beurre.

Préparation

- Préchauffez le four à 180 °C (thermostat 6). Récupérez le zeste d'un citron jaune (bio de préférence, sinon bien lavé au préalable !).
- Mélangez tout simplement les ingrédients un à un, en suivant cet ordre : levure, yaourt, huile, sucre, farine, œufs et zeste.
- Beurrez un moule à gâteau et versez-y la préparation obtenue. Enfournez pour environ 30 minutes. Pour savoir si c'est cuit, plongez la lame d'un couteau dans le gâteau. Si la lame ressort propre, c'est prêt ; si des résidus de pâte y sont collés, laissez cuire encore quelques instants.

LES CONSEILS MALINS

› Pour un goûter pratique à emporter au parc ou à l'école, faites cuire votre gâteau dans un moule à cake et découpez-le en tranches une fois cuit.

› Une variante savoureuse : à la place du zeste de citron, ajoutez à votre pâte, après tous les autres ingrédients, 2 pommes pelées et coupées en petits morceaux, et quelques pépites de chocolat !

Le pain perdu

Le roi des goûters – et le roi de l'anti-gaspillage, puisqu'il permet de récupérer les restes de pain, même les plus durs ! Un indémodable rapide et facile à faire qui ravira toujours petits et grands.

- Temps de préparation : 10 minutes.
- Temps de cuisson : 10 minutes.

Ingrédients (pour 3-4 pers.) :
- pain (même dur) ou brioche pour les plus gourmands ;
- 3 œufs ;
- 250 ml de lait ;
- 75 g de sucre ;
- beurre ;
- sucre glace (pour servir).

Préparation
- Détaillez le pain ou la brioche en tranches moyennes.
- Mélangez les œufs, le lait et le sucre.
- Faites chauffer une poêle avec un peu de beurre.
- Trempez vos restes de pain dans le mélange d'œufs, de lait et de sucre, puis faites revenir les tranches quelques secondes de chaque côté dans la poêle.
- Quand les tranches commencent à dorer, sortez-les du feu et saupoudrez-les de sucre glace. C'est prêt !

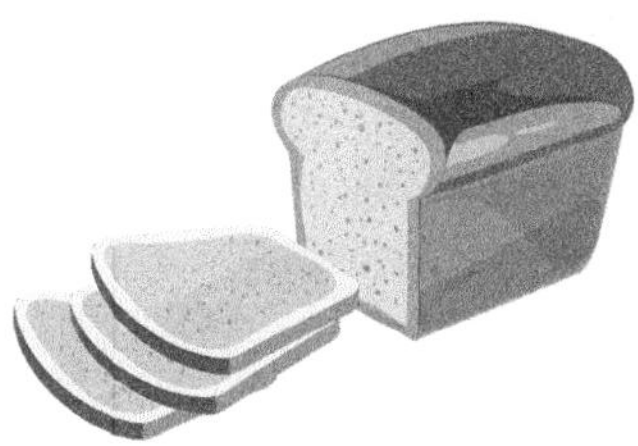

La crème vanille

Les pots de yaourts sont extrêmement difficiles à recycler ; pourtant, nous en consommons tous beaucoup.
Personnellement, j'ai une yaourtière dans laquelle je prépare les yaourts de la semaine à base de lait de vache ou de laits végétaux. C'est une excellente solution antidéchet, qui demande un investissement de départ, certes (entre 70 et 120 euros pour une bonne yaourtière de 6 à 12 pots – vous en trouverez facilement d'occasion et en très bon état), mais qui sera très vite rentabilisée :

préparer les yaourts, desserts ou fromages ne prend que quelques minutes, puis c'est votre yaourtière qui fait tout le travail (pour ma part, je la lance le soir pour le lendemain) ! Vous obtenez des desserts sains, dont vous maîtrisez la composition, qui ne vous coûtent presque rien et qui ne génèrent quasiment aucun déchet ! L'autre gros avantage, c'est que vous pouvez tout faire avec ! Yaourts nature, faisselles, fromage blanc, petits-suisses, crèmes dessert, fromages salés... et même des œufs cocotte, des soufflés ou des gâteaux individuels !
Mais il existe aussi des recettes de crèmes dessert faciles à faire qui ne nécessitent pas de yaourtière. En voici une.

- Temps de préparation : 10 minutes.
- Temps de cuisson : 10 minutes.

Ingrédients (pour 6 pers.) :
- 1 gousse de vanille ;
- 50 g de Maïzena ;
- 80 à 100 g de sucre ;
- 2 jaunes d'œufs ;
- 1 litre de lait.

Préparation
- Versez 750 ml de lait dans une casserole avec la vanille et le sucre, et portez à ébullition.
- Mélangez la Maïzena, les jaunes d'œufs et le reste du lait. Ajoutez ce mélange dans la préparation à la vanille.
- Dès la reprise de l'ébullition, versez dans des ramequins, que vous réserverez ensuite au réfrigérateur pendant au moins 2 heures avant de déguster.

LES CONSEILS MALINS

› Bien entendu, évitez de jeter les blancs d'œufs ! Vous pouvez vous en servir pour une mousse au chocolat, par exemple.

› Si vous souhaitez vous mettre vraiment aux yaourts maison, le livre *Mes petites recettes magiques : yaourts et laits fermentés* d'Alix Lefief-Delcourt (Leduc éditions, 2017) vous explique comment réaliser vous-même tous les desserts que vous aimez, avec ou sans yaourtière, et propose une centaine de recettes, des plus classiques aux plus originales !

Mon pain home made

Le pain est l'un de mes aliments de base, que je veux toujours avoir chez moi. Pour avoir du pain à disposition quand bon vous semble, vous pouvez soit l'acheter chez le boulanger (sans le papier, qui ira sinon à la poubelle) et le congeler, soit le faire vous-même. Je vous rassure : nul besoin de robot de cuisine ni de machine à pain pour cela ! Un peu de farine, de levure, d'eau, d'huile de coude (il faut bien remplacer la machine à pain, tout de même !) et un four, c'est tout ce qu'il vous faut pour faire un pain maison savoureux.

- Temps de préparation : 25 minutes.
- Temps de repos : 1 heure.
- Temps de cuisson : 40 minutes.

Ingrédients (pour 1 pain) :

- 500 g de farine type 55 ;
- 1 sachet de levure de boulangerie en granulés (à temps de levée réduit) ;
- 1/2 verre d'eau chaude ;
- 1 cuil. à soupe d'huile d'olive ;
- 1 cuil. à café pleine de sel.

Préparation

- Mélangez la farine, l'huile d'olive, le sachet de levure, le sel et l'eau. Malaxez jusqu'à l'obtention d'une pâte homogène. Le geste est important : pliez et repliez la pâte sur elle-même comme si c'était un mouchoir. Attention, celle-ci ne doit pas coller : rajoutez de la farine si elle colle, ou de l'eau si elle est trop sèche.
- Tapissez un moule à cake de papier sulfurisé, déposez-y le pain, puis faites des croisillons sur le dessus avec un couteau pointu.
- Prenez un torchon propre, mouillez-le et posez-le sur le pain. Laissez reposer 1 heure afin que la pâte lève.
- Pendant ce temps-là, préchauffez le four à 220 °C (thermostat 7) pendant 10 minutes environ. Enfournez ensuite le pain durant 40 minutes.

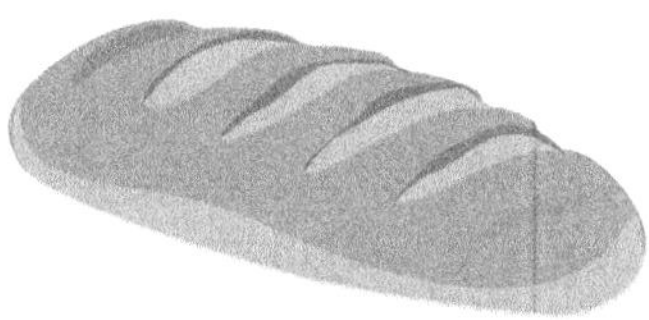

FAIRE SIMPLE NE VEUT PAS DIRE MONOTONE !

Faire maison n'implique pas nécessairement des choses compliquées, loin de là : lorsque vous manquez d'inspiration, n'hésitez pas à revenir aux basiques, rapides à faire, mais non moins bons ! Leur gros plus étant qu'on peut en varier les ingrédients ou la garniture quasiment à l'infini :

› **Pensez aux salades à la belle saison :** mélangez tout ce qui vous plaît, assaisonnez comme ça vous chante, et voilà une entrée ou un accompagnement prêt en un clin d'œil, léger ou gourmand à votre convenance ! Salade, tomate, concombre, poivron, maïs, oignon, ail, menthe, mais aussi graines germées, courgette crue, chou-fleur râpé, pomme, figue, melon, pastèque, graines mélangées, sésame,

→

magret, lardons, tofu, fromage, croûtons… tout est possible, tant que cela vous plaît !

› **En dessert, pensez aux salades de fruits** ! Même principe : mélangez tous les fruits et l'assaisonnement que vous aimez ; c'est prêt ! Simplissime, toujours bon, économique et ultra-sain ; quant au zéro déchet, il est pleinement respecté puisque tous vos déchets pourront aller directement au compost (voir p. 205) !

› **Un repas sur le pouce à préparer en urgence ? Et si vous faisiez des tartines ?!** Des sucrées pour le goûter (confiture, miel, chocolat légèrement gratiné au four… mais aussi *lemon curd*, pomme fondante/caramel au beurre salé, compote, crème fraîche/fruits frais, crème de marrons, banane/Nutella *home made*, fromage blanc/poire, confiture de lait, etc.), mais aussi des salées : pain frotté à l'ail arrosé d'huile d'olive ou tartiné de coulis de tomates, de houmous ou de tapenade, câpres, olives noires ou vertes, graines germées, pistaches concassées, feta, figues fraîches/fromage, jambon de pays/melon/chèvre, roquette/figues séchées/lardons, radis/avocat/pissenlits… Vous pouvez même jouer avec le pain : baguette, pain de campagne, pain de mie toasté, focaccia, pâte à pizza, pain aux herbes, pain noir… Et pour la « cerise sur la tartine salée » (quelle bonne idée, d'ailleurs !), parsemez d'un peu de fromage et gratinez quelques instants au four ! Idéales pour un apéro ou un repas dînatoire gourmand et original en utilisant facilement les restes – anti-gaspillage et zéro déchet, donc !

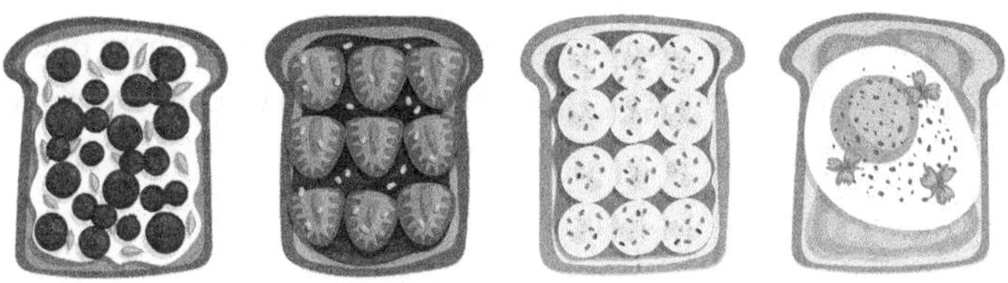

LE CONSEIL MALIN

Je vous conseille vivement, pour aller plus loin, la collection à tout petits prix des « Inratables » aux éditions Leduc : soupes, yaourts, glaces, pâtisseries, confitures, pains et brioches... une vraie mine d'or pour qui veut se détacher du prêt-à-manger industriel pour du fait-maison économique, zéro déchet et savoureux !

LES BONNES IDÉES DE NOS LECTEURS

› Claire : « Collecter les épluchures, cœurs de légumes et tous les légumes abîmés que l'on jette habituellement au compost, les conserver au congélateur au fur et à mesure, et, une fois qu'on en a plein, hop ! dans la marmite : voilà un bon bouillon de légumes pour la semaine ou, en faisant bien réduire, un bouillon de légumes concentré à conserver en glaçons pour parfumer tous les autres plats ! On peut aussi faire sécher ses peaux d'agrumes (bio) pour les tisanes ou vins chauds. Si on a un extracteur, on peut enfin réduire en jus toutes les tiges, légumes abîmés, fanes, racines, peaux de fruits, pour un jus frais maison bourré de bienfaits. »

› Hélène : « J'ai profité, cet été, de la très bonne récolte de courgettes et de tomates du jardin de mes parents afin de réaliser plein de bocaux de ratatouille pour me régaler cet hiver. Et plus de bouteilles d'eau en plastique chez moi : des bouteilles en verre que l'on remplit au robinet. »

› Ariane : « Pour les courses, j'ai cousu des sacs à pain (pour petits et gros pains, et pour les baguettes) à partir de torchons en lin. »

Chapitre 4
La salle de bains

La salle de bains est la seconde pièce la moins zéro déchet de la maison. L'impact environnemental ne nous saute pas aux yeux de prime abord, parce que nos poubelles de salle de bains sont généralement très petites ; mais la liste est pourtant sans appel : cotons, berlingot du dentifrice, bouteilles en plastique du gel douche et du shampoing, aérosol du déodorant ou de la mousse à raser, rasoirs jetables, serviettes hygiéniques, Cotons-Tiges... une vraie foire aux déchets !

Et c'est sans compter la composition douteuse de tous nos produits issus de l'industrie cosmétique, non seulement mauvais pour notre santé, mais tout autant pour la planète, parce qu'ils s'écoulent dans la nature après avoir traversé nos canalisations, même avec le filtrage des eaux usées.

Dois-je enfin rappeler à votre bon souvenir votre budget toilette et cosmétique mensuel ?...

Bref, le zéro déchet est aussi une priorité dans la salle de bains !

JE CONSOMME MOINS D'EAU

C'est peut-être la première des habitudes à mettre en place dans la salle de bains : **réduire sa consommation d'eau**, car c'est une ressource précieuse dont l'extraction est extrêmement énergivore (prélèvement, pompage, traitement, distribution, évacuation et épuration), avec de nombreuses répercussions sur les écosystèmes qui dépendent des réserves dans lesquelles nous puisons.

En France, la douche et le bain représentent en moyenne 160 à 200 litres d'eau par habitant et par jour, soit plus de 73 000 litres par an... Selon l'Organisation mondiale de la santé, **c'est la consommation d'eau la plus importante au sein d'un même foyer dans notre pays** : nous utilisons ainsi 39 % de notre eau quotidienne rien que pour nous laver.

Or, il existe des astuces simples pour réduire sa consommation d'eau dans la salle de bains, jusqu'à – 50 % du volume habituel ! Voici quelques pistes :

- **Privilégiez la douche au bain !** Un bain est, certes, très relaxant, mais aussi très gourmand : 150 à 200 litres pour un bain, contre seulement 30 à 80 litres pour une douche d'après le Centre national de la recherche scientifique.
- **Coupez l'eau lorsque vous n'en avez pas besoin.** Que ce soit au moment de vous brosser les dents, de vous savonner les mains, de vous laver le corps ou de vous raser sous la douche, prenez l'habitude de couper l'eau tant que vous n'avez pas besoin de vous rincer. *A minima*, réduisez le débit au minimum si vous avez tout de même besoin d'un filet d'eau.

- **Réduisez la durée de vos douches :** vous n'avez pas forcément besoin d'une douche de 20 minutes tous les matins. Songez simplement qu'en la réduisant de 5 minutes ne serait-ce que certains jours, vous réalisez des économies (financières et environnementales) conséquentes : 75 à 100 litres d'eau préservés… en seulement 5 petites minutes !
- **Optez pour un pommeau de douche à faible débit ou équipé d'un limiteur de débit :** tout en conservant le confort de douche d'un pommeau ordinaire, cela vous permet de passer d'une consommation de 15 à 20 litres/minute à une consommation de 5 à 10 litres/minute.
- **Traquez les fuites !** Si votre robinet ou votre douche goutte (ou votre évier de cuisine, ou votre chasse d'eau, etc.), sachez que votre consommation d'eau annuelle peut augmenter de 5 à… 150 m³. Un vrai gaspillage, tant pour votre porte-monnaie que pour l'environnement.

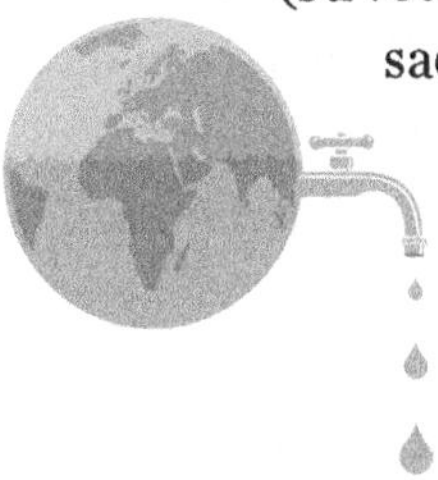

JE DIS NON AU CHIMIQUE !

Allez dans votre salle de bains, observez votre baignoire ou votre douche. Maintenant, comptez le nombre de flacons en plastique qui y trônent. Si vous en avez plus de deux, c'est déjà beaucoup trop. Puis, regardez les ingrédients mentionnés sur les étiquettes. Vous n'y comprenez rien ? C'est normal, ce sont des **formules chimiques souvent composées de produits dangereux, allergènes voire cancérigènes pour certains**. Ces derniers temps, il éclate un scandale par mois concernant ces produits, et des listes de substances dangereuses sont régulièrement publiées par différents organismes ou associations.

DES COSMÉTIQUES À LA COMPOSITION DOUTEUSE

Lisez donc l'excellent dossier publié en février 2016 par l'association UFC-Que Choisir : « **Substances préoccupantes dans 185 produits cosmétiques** » (rendez-vous sur le site **www.quechoisir.org** et tapez « substances préoccupantes cosmétiques » dans le champ de recherche en haut de la page d'accueil : le dossier en question apparaît en tête des résultats).

Nous ouvrons enfin les yeux sur la toxicité des traitements que nous infligeons à notre corps. Aujourd'hui, vous avez les moyens de vous renseigner et de savoir exactement ce qu'il en est. Les substances ciblées par le dossier d'UFC-Que Choisir, bien qu'à fuir absolument, sont pourtant contenues dans de grandes marques que vous pouvez facilement trouver au supermarché, voire dans certaines marques de luxe !

La bonne nouvelle, c'est que **tout ou presque dans votre salle de bains peut être remplacé par le zéro déchet**, une alternative saine pour le corps et la planète, facile à mettre en œuvre et très peu coûteuse !

LAMAZUNA, LA MARQUE CHOUCHOU DES « ZÉRO WASTEURS »

S'il n'y avait qu'une marque à laquelle être fidèle, ce serait celle-là : **Lamazuna** (www.lamazuna.com). C'est une marque de produits cosmétiques, de toilette et de soin 100 % écologique, naturelle et éthique, pleinement zéro déchet – à tel point que ses emballages et contenants (colis d'envoi compris) sont totalement biodégradables ; on peut difficilement faire plus « zéro déchet » ! De quoi mettre définitivement la poubelle de votre salle de bains au rebut.

Les bons labels en cosmétique

Il existe aujourd'hui de nombreux labels attestant de la qualité d'un cosmétique, mais les labels les plus tendance sont ceux dits *vegan* **(ne contenant aucun produit animal ou issu de l'exploitation animalière)** et *cruelty free* **(garantissant que les cosmétiques concernés n'ont pas fait l'objet de tests sur les animaux)**. Cependant, comme toutes les belles étiquettes, il faut apprendre à les décrypter. Heureusement, le site www.cosmebio.org a recensé tous les labels *vegan* et *cruelty free*, et les a déchiffrés pour vous dans ce très bon article : https://www.cosmebio.org/fr/nos-dossiers/2018-07-comparatif-labels-vegan-cruelty-free-cosmetiques/

Voici un tableau récapitulatif pour mieux vous y retrouver :

→

	Vegan Society	Vegan Approved	Vegan Awareness Foundation	VeganOK
Absence de tests sur animaux	✓	✓	✓	✓
Absence de chair animale	✓	✓	✓	✓
Absence d'ingrédients d'origine animale dans le produit	✓	✓	✓	✓
Absence d'ingrédients d'origine animale dans l'emballage	✓	✓	✓	✓
Absence de tests sur animaux sur les marchés étrangers	×	×	×	×
Ingrédients issus de l'agriculture biologique vegan	×	×	×	×
Audits de contrôle (l'obtention de ces labels se fait généralement via un formulaire et des pièces justificatives à fournir + le paiement d'une licence)	×	×	×	×
Non-exploitation des singes pour la récolte des noix de coco (label One Voice avec mention « C »)	×	×	×	×

	Vegecert Vegan	Expertise Végane Europe (EVE)	Vegancert (Bioagricert)
Absence de tests sur animaux	✓	✓	✓
Absence de chair animale	✓	✓	✓
Absence d'ingrédients d'origine animale dans le produit	✓	✓	✓
Absence d'ingrédients d'origine animale dans l'emballage	✓	✓	✓
Absence de tests sur animaux sur les marchés étrangers	×	✓	×
Ingrédients issus de l'agriculture biologique vegan	×	✓	×
Audits de contrôle (l'obtention de ces labels se fait généralement via un formulaire et des pièces justificatives à fournir + le paiement d'une licence)	×	✓	✓
Non-exploitation des singes pour la récolte des noix de coco (label One Voice avec mention « C »)	×	×	×

	Cruelty free de la Peta	Cruelty free and vegan de la Peta	Cruelty Free International (Leaping Bunny)
Absence de tests sur animaux	✓	✓	✓
Absence de chair animale	×	✓	×
Absence d'ingrédients d'origine animale dans le produit	×	✓	×
Absence d'ingrédients d'origine animale dans l'emballage	×	✓	×
Absence de tests sur animaux sur les marchés étrangers	✓	✓	✓
Ingrédients issus de l'agriculture biologique vegan	×	×	×
Audits de contrôle (l'obtention de ces labels se fait généralement via un formulaire et des pièces justificatives à fournir + le paiement d'une licence)	×	×	✓
Non-exploitation des singes pour la récolte des noix de coco (label One Voice avec mention « C »)	×	×	×

	Choose Cruelty Free	Cruelty Free Cosmetics (IHTK)	One Voice
Absence de tests sur animaux	✓	✓	✓
Absence de chair animale	×	×	×
Absence d'ingrédients d'origine animale dans le produit	×	×	×
Absence d'ingrédients d'origine animale dans l'emballage	×	×	×
Absence de tests sur animaux sur les marchés étrangers	✓	×	✓
Ingrédients issus de l'agriculture biologique vegan	×	×	×
Audits de contrôle (l'obtention de ces labels se fait généralement via un formulaire et des pièces justificatives à fournir + le paiement d'une licence)	×	×	✓
Non-exploitation des singes pour la récolte des noix de coco (label One Voice avec mention « C »)	×	×	✓

LE DURABLE DANS MA SALLE DE BAINS

Tout comme dans la cuisine, la salle de bains s'est transformée depuis quelques décennies en « pièce à jetables ». Brosse à dents en plastique à changer tous les trois mois, rasoirs jetables, Cotons-Tiges jetables, mouchoirs en papier jetables, lingettes démaquillantes en coton jetables, protections féminines jetables...

Vous n'imaginez pas le nombre de tonnes de déchets que nos salles de bains engendrent chaque mois en France. Pourtant, nos grands-parents avaient une très bonne hygiène sans utiliser de jetable. Encore une fois, des solutions existent dans le **durable**, le **lavable** et le **réutilisable**.

Brosse à dents en bois

Dites adieu à votre brosse à dents en plastique, et bonjour à votre nouvelle brosse à dents en bois ! Le site www.sans-bpa.com vous propose notamment des **brosses à dents écologiques en bois de bambou** (le bambou repousse extrêmement vite et évite ainsi la déforestation ; il est également antibactérien) ; les poils sont en nylon de niveau 6 fabriqué à partir d'huile de ricin, et non de pétrole, et sont donc 100 % vegan. Les brosses à dents sont 100 % recyclables et livrées dans un colis également recyclable. 100 % zéro déchet, donc !

Une autre option est le **siwak, petit bâton de bois à mâchouiller pour se laver les dents** grâce aux fibres contenues sous l'écorce. C'est une racine provenant d'un arbuste que l'on trouve au Maghreb. Le site www.miswa.fr propose des siwaks ainsi que des brosses à dents en bambou.

Rasoirs non jetables

Vos rasoirs en plastique ne sont guère qu'un effet de mode superflu, car **les rasoirs non jetables sont bien plus solides et de meilleure qualité**. Vous n'avez qu'à en changer les lames. (Et ne parlons pas de la « taxe rose » appliquée aux rasoirs féminins - roses - en tous points égaux aux rasoirs masculins - bleus - mais souvent plus chers...).

Si vous souhaitez passer au rasage durable et *made in* France, messieurs, la marque Gentleman Barbier (www.gentleman-barbier.com) vous propose différentes solutions, comme des **rasoirs mécaniques en bois** ou le **coupe-chou** - les méthodes sont anciennes, mais leur efficacité et leur durabilité ne sont plus à prouver.

Mesdames, afin de faire la chasse aux poils de manière durable (pour l'environnement, s'entend !), deux possibilités s'offrent à vous :

- Passer à l'**épilation bio** : le site www.brindilles.fr vend tout le nécessaire pour s'épiler dans le respect de soi et de l'environnement (cire naturelle, bandes dépilatoires 100 % naturelles, gel d'aloe vera pour hydrater...).
- Passer au **rasage**/à l'**épilation durable** : investissez dans un rasoir électrique ou un épilateur de qualité, que vous n'aurez pas à changer au bout de deux mois. Cela implique un coût de départ, mais qui sera vite rentabilisé, et surtout, adieu les rasoirs ou lames qui partent à la poubelle chaque semaine !

Bye-bye, les Cotons-Tiges

Dans leur bilan environnemental de 2017, les Initiatives Océanes (une opération de sensibilisation organisée par l'association Surfrider Foundation Europe) dévoilent que 44 031 Cotons-Tiges ont été retrouvés sur les plages européennes par leurs équipes, soit l'équivalent de 181 pistes de bowling – et ce n'est qu'une infime part de leur impact environnemental, sachant qu'il s'en vend plus de 22,5 milliards par an pour la seule marque américaine Q-Tips. Les Cotons-Tiges étant faits de plastique polluant, je vous laisse imaginer les conséquences pour la planète.

La marque éco-engagée Lamazuna (voir p. 77) propose un **cure-oreille en bambou 100 % naturel** (nommé l'Oriculi) et surtout durable (il remplace à lui seul une bonne centaine de Cotons-Tiges).

LE CONSEIL MALIN

Au-delà de cette possibilité, n'oubliez pas que vous n'êtes pas obligé de vous curer les oreilles et que, la nature étant décidément bien faite, le cérumen est justement là pour les protéger. Le bout de votre serviette humidifié dans le pavillon de l'oreille (pas plus loin), avec une légère pression à l'entrée du conduit auditif, et le tour est joué !

Adoptez le tissu !

Les mouchoirs jetables sont facilement remplaçables par des **mouchoirs en tissu**, comme vous l'avez déjà fait pour les serviettes ou le rouleau d'essuie-tout dans la cuisine (voir p. 42).

Pour les femmes, la marque « Les Tendances d'Emma » vous propose de belles et économiques alternatives aux cotons démaquillants jetables : leurs **lingettes lavables en eucalyptus**, notamment, sont d'une douceur très agréable et sont faciles d'entretien. Vous trouverez cette marque sur des sites bio comme www.brindilles.fr ou www.greenweez.com.

Hygiène intime : les solutions bonnes pour la planète (et pour moi)

Savez-vous ce qu'il y a vraiment dans vos protections périodiques ?

Que vous utilisiez des serviettes hygiéniques ou des tampons, la polémique grandissante sur leur composition n'a pas dû vous échapper. Sous couvert de proposer des produits toujours plus absorbants et anti-odeurs, les industriels n'ont de cesse d'introduire des **substances de plus en plus nocives** dans leur fabrication : polyacrylate de sodium (qu'on retrouve dans les petits sachets blancs anti-humidité...), coton cultivé intensivement à grand renfort de pesticides, aluminium, chlore (pour blanchir la matière et donner une impression de « pureté ») qui, au contact de la viscose également contenue dans les protections périodiques, entraîne la formation de dioxine, une substance particulièrement toxique et cancérigène (qu'on retrouve notamment lors de la combustion d'énergies fossiles...). Tout ça en contact... avec votre intimité ?

Bien sûr, une fois à la poubelle, toutes ces substances vont avoir le même impact néfaste sur la santé de la planète, sans parler du plastique qui entre également dans leur fabrication. Sachant qu'à l'échelle mondiale, environ 45 milliards de protections périodiques sont utilisées, par an, dans le monde[1]. Tout ça en contact... avec la planète ?

Là encore, il existe des alternatives bien plus saines et naturelles :

- Les **serviettes hygiéniques et protège-slips lavables** : des serviettes et protections en coton biologique, garanties sans aucun produit chimique, douces au contact et laissant respirer la peau. Plus de déchets polluants à déplorer, puisque vous les lavez et les réutilisez de mois en mois.
- La ***cup* ou coupe menstruelle** est une petite coupe souple qui se glisse dans le vagin et recueille le sang menstruel. Sûre, pratique et confortable, elle est composée à 100 % de silicone médical. Elle est hypoallergénique, sans phtalates, sans bisphénol A, sans latex, sans substances absorbantes et sans parfum. Pour moins de 30 euros en moyenne, elle vous servira une dizaine d'années. Du zéro déchet pur, encore une fois gage de santé et d'économies.

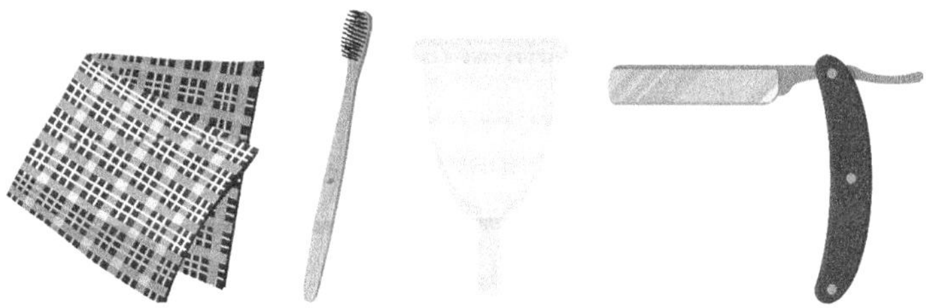

Vous trouverez ces différents produits en magasins bio ou sur les boutiques en ligne de produits bio (www.greenweez.com, www.lamazuna.com, www.brindilles.fr...). Le site www.socup.fr propose quant à lui une *cup* de très bonne qualité *made in* France ainsi qu'un stérilisateur de voyage très pratique.

1. Sources : www.consoglobe.com et www.planetoscope.com.

PASSEZ À LA COSMÉTO NATURELLE !

Je pourrais bien sûr vous parler de la dernière éco-tendance qu'est la **Slow Cosmétique** (comprenez « la cosméto lente », c'est-à-dire réfléchie, donc responsable, éthique et saine) et de son créateur Julien Kaibeck, qui en a fait une marque et une association, donnant ainsi au mouvement beaucoup plus de poids et de sérieux.

Cependant, ce livre se veut un guide global pour commencer le zéro déchet. Nous n'entrerons donc pas ici dans le détail de ce qu'est la Slow Cosmétique et comment s'y engager pleinement – mais nous vous invitons à en apprendre plus via le site **www.slow-cosmetique.org** et le livre *Slow Cosmétique pour toute la famille,* de Julien Kaibeck (Leduc éditions, 2017).

Nous allons plutôt vous donner ici quelques recettes très simples et faciles à réaliser de produits cosmétiques et de toilette courants, afin de vous permettre de **remplacer progressivement vos basiques industriels** (et souvent coûteux) contre ces **alternatives saines, écologiques et diablement économiques** ! Sans oublier que, comme en cuisine, qui dit produits *home made* dit emballages inexistants.

LE CONSEIL MALIN

Un site Internet à mettre absolument dans vos favoris si vous voulez vous mettre à la cosméto naturelle : **www.aroma-zone.com**. Vous y trouverez tous les ingrédients bio afin de réaliser vos propres produits de toilette, de soin et de beauté : huiles essentielles, hydrolats, argiles, sels, produits de la ruche, poudres minérales, huiles et beurres végétaux, colorants et fragrances naturels, herboristerie… pour réaliser maquillages *home made*, crèmes diverses, masques capillaires, shampoings, savons, parfums, et la liste est encore longue !

Se laver le corps

Pour vous laver le corps, repassez au **savon solide** ! On connaît tous le **savon de Marseille** : vous pouvez l'utiliser sans problème pour vous laver. Privilégiez néanmoins les **« vrais » savons de Marseille**, faits à Marseille, selon un savoir et une technique pratiqués depuis le XIVe siècle. Quelques marques vous garantissent un savon de Marseille de qualité, comme Le Fer à Cheval (leurs chaudrons de saponification datent de 1856 !) ou Marius Fabre.

Si vous souhaitez plus de diversité, je vous conseille vivement la marque Gaiia, qui propose plusieurs types de savons solides (Alep, argile, rhassoul, surgras entre autres), ou encore la marque Coutiver.

L'avantage de tous ces savons, c'est que leur composition est **totalement saine**, bonne pour la peau et, une fois dans les canalisations, pleinement **biodégradable et non polluante** pour l'environnement.

FABRIQUER SES PROPRES SAVONS, C'EST POSSIBLE ?

Saviez-vous que l'on peut fabriquer ses savons *home made* ? C'est à la portée de tout le monde, et quelle satisfaction de produire ses propres savons 100 % naturels, aussi sains mais nettement meilleur marché que les savons de qualité du commerce !
Il existe surtout deux méthodes accessibles à tout un chacun :

› **Le *melt & pour*** : c'est un mélange naturel que l'on fait fondre, auquel on ajoute ce qui nous fait envie et/ou ce dont on a besoin (miel, lait végétal ou animal, argiles, jus de fruits ou de légumes, spiruline, huiles essentielles, fragrances naturelles…). Une petite tambouille à la portée de tout le monde et plutôt plaisante.

→

Pour plus d'infos et pour commander le mélange *melt & pour* : www.aroma-zone.com.

› **La saponification à froid (SAF)** : si vous vous sentez l'âme d'un apprenti chimiste, cette méthode est pour vous ! On choisit des huiles et beurres végétaux en fonction des propriétés qu'on attend de notre savon (plus ou moins moussant, plus ou moins hydratant, plutôt crémeux, etc.), auxquels on va mélanger de la soude, ce qui va transformer le tout en savon et glycérine. La SAF demande quelques précautions et vise un public plutôt averti, puisqu'on manipule de la soude et qu'on provoque une réaction chimique. C'est pourquoi je recommande un minimum de lecture sur le sujet avant de commencer. Vous trouverez un guide complet sur www.aroma-zone.com. Si vous souhaitez vous lancer dans les savons maison mais que la méthode vous intimide un peu, prenez des cours ! L'association « Atelier Bulles de savon » (www.atelierbullesdesavon.fr) propose des ateliers et de la location de matériel dans la région de Perpignan, ainsi que des ateliers par téléphone pour ceux qui habitent trop loin. N'hésitez pas à la contacter pour toute question ou pour être guidé pas à pas dans la fabrication de savons *home made* 100 % naturels ! Page Facebook : www.facebook.com/atelierbullesdesavon.

Se laver les cheveux

Pour le shampoing, c'est toujours **le solide qui propose la solution la plus écologique, la plus saine et la plus économique** – contrairement aux shampoings liquides qui coulent vite, on utilise généralement nettement moins de produit solide à chaque lavage. Ils sont très simples d'utilisation : vous frottez simplement votre shampoing solide sur votre tête mouillée. Ils moussent tout autant que les shampoings « classiques ». Les marques Lamazuna (voir p. 77) et Pachamamaï (www.pachamamai.com) proposent de très bons shampoings solides fabriqués en France.

MON SHAMPOING SOLIDE *HOME MADE*, ÉCONOMIQUE ET ZÉRO DÉCHET

Et si vous le fabriquiez vous-même ? Aucun déchet à déplorer, une composition 100 % bonne pour la planète et vos cheveux, et un produit durable et ultra-économique qui ne nécessite que l'achat de matières premières naturelles peu coûteuses.
(Vous trouverez tous les ingrédients nécessaires sur le site www.aroma-zone.com. Le site, très bien conçu, vous permet de faire une recherche d'ingrédients en fonction de vos besoins - cheveux normaux, mixtes, gras, blonds, enfants, etc.)

Ingrédients :

› 10 % d'huile ou beurre végétal, à choisir en fonction de vos besoins ;
› 10 % de poudre végétale (extrait de plante, henné, argiles, poudres ayurvédiques...) en fonction de vos besoins ;
› 10 % d'eau minérale, infusion, hydrolat... ;
› 60 % de SCI (tensio-actif dérivé de l'huile de coco qui adoucit le shampoing tout en le rendant mousseux et crémeux).

Pour les 10 % restants, ajoutez les ingrédients de votre choix ! Un peu de miel, une autre poudre pour combiner les effets, un peu plus d'huile ou de beurre végétal (pas trop, sinon le shampoing sera mou), quelques gouttes d'huiles essentielles (à utiliser avec précaution, notamment sur les enfants et femmes enceintes - voir les conseils d'utilisation pour chaque HE sur le site Aroma-Zone), du gel d'aloe vera... N'hésitez pas à errer sur le site d'Aroma-Zone, qui regorge de recettes et de bons conseils pour vous aider à choisir des ingrédients qui vous plaisent et vous correspondent vraiment.

Recette :

› Faites fondre ensemble, au bain-marie, tout en les mélangeant doucement, le SCI, l'eau (ou le liquide) et les huiles et/ou beurres végétaux.

→

> › Lorsque vous obtenez une pâte homogène, retirez du feu et ajoutez les ingrédients restants (poudre végétale, HE, miel, aloe vera, etc.) en les incorporant bien (ne tardez pas trop, car le shampoing durcit rapidement).
> › Quand la préparation est prête, coulez-la dans des moules en silicone (des moules de pâtisserie feront très bien l'affaire, mais il faudra les réserver exclusivement à cet usage), que vous placez environ 30 minutes au congélateur.
> › Démoulez vos shampoings solides et laissez-les reposer 3-4 jours avant de les utiliser. Stockez-les à l'abri de la chaleur et de l'humidité.

J'arrête de me laver les cheveux !

Quelle drôle d'idée, n'est-ce pas ? Qui n'en est pas moins tout à fait sérieuse.

Je vous conseille de lire le très bon article du blog www.antigonexxi.com, « **Le jour où j'ai arrêté de me laver les cheveux** ». L'auteur, Ophélie, y donne de très bons conseils pour diminuer progressivement vos shampoings industriels en passant par des shampoings secs (sans mouiller vos cheveux) à base d'argile verte ou de fécule, pour finir en vous lavant (après plusieurs mois de ce traitement magique) **simplement à l'eau** ! Oui, oui, et en conservant des cheveux propres, soyeux, lisses, et qui ne regraissent plus tous les deux jours, comme c'était sûrement le cas avec les shampoings « classiques ». On appelle cette technique le ***no poo*** (« pas de shampoing », en anglais).

Je chouchoute mes cheveux (et la planète)

Toujours dans l'optique de jeter et polluer moins, *exit* les soins capillaires hors de prix dont les emballages plastique et la composition ultra-chimique font plus de mal à la planète que de bien à vos cheveux.

Là encore, des solutions simples et naturelles existent :

- **Pointes sèches :** enduisez vos pointes d'huile ou de lait de coco, enveloppez votre chevelure et laissez poser toute la nuit. Le lendemain, vous ferez votre shampoing *no poo* habituel en suivant les conseils du blog Antigone XXI (voir p. 91). (Vous pouvez utiliser une autre huile pour offrir un soin différent à vos cheveux, en fonction de vos besoins – voir sur www.aroma-zone.com.)
- **Dégraissage express :** pas le temps de vous laver les cheveux ? Saupoudrez-les de bicarbonate de soude alimentaire extra-fin, laissez poser quelques minutes, passez un coup de sèche-cheveux au-dessus de la baignoire, et le tour est joué !
- **Soin antipelliculaire, brillance et protection du cuir chevelu :** diluez un fond de verre de vinaigre de cidre avec un peu d'eau et ajoutez 3 gouttes d'huile essentielle d'ylang-ylang (déconseillée au premier trimestre de grossesse). Versez doucement sur vos cheveux de manière à bien répartir le liquide. Laissez reposer quelques minutes, puis rincez abondamment.

De nombreux produits naturels peuvent être utilisés pour soigner vos cheveux : yaourt, miel, aloe vera, extraits de plantes... Le site www.aroma-zone.com sera, comme toujours, un guide fidèle pour savoir quoi utiliser.

Mon gommage fait maison

Pour un gommage 100 % nature, 0 % déchet, utilisez simplement votre **marc de café** ! Sensation peau douce garantie – la caféine aurait en outre des effets bénéfiques sur la cellulite (mais c'est déconseillé aux femmes enceintes).

Sinon, vous pouvez également utiliser du **sucre mélangé à du miel** pour plus de douceur et une odeur... mmh, divine !

Ma peau au naturel

Crème de jour ultra-facile

Pour votre visage, oubliez les crèmes de jour hors de prix (et leurs pots ou berlingots en plastique qui encombrent la poubelle...) !

Adoptez une **routine extrêmement simple** : dans le creux de votre main, mélangez une noisette de gel d'aloe vera avec une noisette d'huile végétale (à choisir selon votre type de peau et vos besoins, voir encadré ci-après) et appliquez ce mélange sur votre peau, par mouvements circulaires et lents, en faisant bien pénétrer.

Votre peau est à la fois hydratée, nourrie et protégée en un seul geste, votre poubelle est vide et votre portefeuille reste plein !

LE CONSEIL MALIN

Comment choisir votre huile végétale ?

- Peaux normales : papaye, jojoba, inca inchi, abricot, chanvre.
- Peaux matures : argan, abricot, açaï, avoine, bourrache, cameline, rose musquée, jojoba, chanvre.
- Anti-âge : abricot, avocat, lin, cerise.
- Peaux sèches, irritées : amande, avocat, camélia, cerise, bourrache, rose musquée, chanvre.
- Peaux abîmées : argan, germes de blé.
- Bonne mine : abricot, argousier.
- Peaux sensibles ou stressées : açaï, cassis, bourrache, avoine, macadamia.
- Peaux acnéiques : jojoba, nigelle, baies de laurier, rose musquée, noisette, papaye.
- Peaux grasses : jojoba, pépins de raisin, macadamia, noisette, yangu.
- Peaux mixtes : dattier, jojoba, pépins de raisin, macadamia, noisette, yangu.
- Peaux atopiques, eczéma, plaques, rougeurs : calophylle, framboise, cameline, baies de laurier, sésame, papaye.

Vous pouvez tout à fait associer deux ou trois huiles différentes lors d'une même application afin de cumuler leurs bienfaits.

Démaquillage express

Pour vous démaquiller, là encore, allez au plus simple, au plus naturel et au plus économique !

Démaquillez-vous à l'aide d'une **lingette lavable** ou d'un **coton lavable** (voir p. 85) imprégné d'un mélange d'huile végétale (à choisir selon votre type de peau) et d'hydrolat (de rose, de bleuet ou de camomille – trouvable sur www.aroma-zone.com).

Si vous vous maquillez beaucoup, procédez ainsi :

- Démaquillez-vous avec une lingette ou un coton lavable imprégné de l'huile végétale de votre choix.
- Mouillez votre visage, savonnez-le avec un savon doux, puis rincez.
- Sans essuyer votre peau, appliquez directement une toute petite noisette d'huile végétale sur votre visage bien humide. Le mélange eau + huile va émulsionner sur votre peau ; au bout de 10 minutes environ, la peau a « bu » le mélange ; elle est complètement réhydratée et nourrie, avec un teint éclatant.

Déodorant doux pour la nature

Comme les autres produits cosmétiques industriels, le déodorant est sur le banc des accusés depuis un certain nombre d'années, non seulement pour sa composition nocive (notamment en raison de la présence de sels d'aluminium, qui agissent sur la transpiration, soupçonnés d'être en partie responsables de la maladie d'Alzheimer et de certains cancers), mais également pour ses emballages polluants (soit sous forme plastique, soit, pire, en bombe aérosol).

Nous vous proposons ici une recette ultra-rapide, ultra-simple, ultra-économique et ultra-zéro déchet, car les ingrédients que vous achetez vous permettront de fabriquer quasiment pour **un an de déodorant maison** !

Ingrédients :

- 15 % d'huile de coco – antibactérienne ;
- 20 % de fécule de maïs ou d'arrow-root (en magasin bio) – propriétés absorbantes ;
- 30 % de bicarbonate de soude alimentaire extra-fin – anti-odeur ;

• huile essentielle de lavande et huile essentielle de palmarosa (5 gouttes chacune pour 100 ml de déodorant fini) – antibactériennes, anti-odeurs et parfument agréablement (ne mettez pas de HE de palmarosa si vous êtes enceinte) ;
• 5 % de cire végétale – pour solidifier la préparation ;
• 30 % de beurre de karité – pour obtenir un déodorant plus hydratant, surtout après épilation.

Préparation :
• Faites fondre le beurre de karité et la cire au bain-marie (et l'huile de coco si elle n'est pas déjà à l'état liquide).
• Une fois le beurre, la cire et l'huile légèrement refroidis (pas trop, sinon ils vont durcir de nouveau), ajoutez hors du feu la fécule et le bicarbonate de soude, et remuez fortement à la fourchette de manière à éliminer tous les grumeaux.
• Versez ensuite les huiles essentielles et mélangez.
• Coulez le tout dans des moules en silicone (type moules à pâtisserie que vous réserverez exclusivement à cet usage) et laissez prendre le déodorant au réfrigérateur avant de commencer à l'utiliser.

Une bonne haleine au naturel

Un indispensable dans la salle de bains, puisque nous l'utilisons plusieurs fois par jour (c'est dire si sa composition se doit d'être saine et irréprochable) : le **dentifrice** ! Quelques ingrédients simples, et voilà un dentifrice maison sain, naturel, non polluant, et dont aucun berlingot en plastique n'ira dans la poubelle !

LE CONSEIL MALIN

Les marques Lamazuna (voir p. 77) et Pachamamaï (voir p. 89) proposent des dentifrices solides avec et sans huiles essentielles pour s'adapter aux enfants.

Mélangez ensemble : du gel d'aloe vera (en pharmacie ou sur www.aroma-zone.com), de l'argile blanche surfine (en magasin bio ou sur www.aroma-zone.com), du bicarbonate de soude alimentaire extra-fin (très peu au début), de l'huile essentielle de menthe poivrée et de l'huile essentielle de citron. Mélangez jusqu'à obtention de la consistance souhaitée : versez un peu de chaque ingrédient au début et rectifiez selon la texture que vous voulez.

À NOTER

- Ne mettez pas de HE de menthe poivrée si vous êtes enceinte.
- Attention avec le bicarbonate : allez-y très doucement, car il a des propriétés abrasives. Mettez-en très peu pour commencer (1/2 cuil. à café) et testez votre dentifrice. Si vous souhaitez un effet légèrement plus abrasif, rajoutez un tout petit peu de bicarbonate et voyez si le résultat vous convient mieux (en sachant que vous pourrez toujours rectifier en ajoutant l'un ou l'autre ingrédient).
- Idem avec les huiles essentielles, qui sont très concentrées : n'en versez que 1 à 2 gouttes de chaque au début, et ajoutez-en progressivement si vous en ressentez le besoin, goutte après goutte.

LES CONSEILS MALINS

› Pour du zéro déchet quasi total dans la salle de bains, **conservez autant que possible les contenants** de vos ingrédients naturels (vaporisateurs des hydrolats, flacons d'huile végétale, pots des beurres végétaux, etc.) : maintenant que vous vous êtes mis au *home made*, ils vous resserviront très certainement, une fois bien lavés et stérilisés, pour stocker vos produits cosméto maison.

› Si toutefois vous manquez de contenants, le site www.aroma-zone.com en vend de nombreux et pour tous les usages à très petits prix, qui vous permettront de faire de la cosméto naturelle durable et zéro déchet, d'autant que leurs contenants sont fabriqués en matériaux recyclés.

LES BONNES IDÉES DE NOS LECTEURS

› So : « Astuce écolonomique : avant de prendre ma douche, le temps que l'eau chauffe, je la récupère dans une bassine pour réduire le nombre de chasses d'eau ou laver quelque chose à la main. »

› Marie-Hélène : « Comme nous sommes plusieurs amies à confectionner du fait-maison, on commande les matières premières au litre ou au kilo, puis on se les partage. Ça permet de réduire la quantité d'emballage, le coût (financier et environnemental) du transport et le prix des marchandises. »

› Hélène : « J'ai réalisé des cotons à démaquiller dans des restes de tissu éponge que j'avais acheté pour fabriquer des capes de bain à mes enfants. »

› Natacha : « L'huile de coco est devenue ma meilleure amie (en guise de démaquillant, dentifrice, soin hydratant...) ! »

Chapitre 5

Le reste de la maison

Nous avons fait le tour des deux pièces les plus génératrices de déchets de la maison ; ces premiers efforts-là vont considérablement alléger vos poubelles.

Mais le zéro déchet n'est pas seulement affaire de cuisine ou de salle de bains ; c'est un état d'esprit, une nouvelle façon d'envisager le quotidien qui peut s'appliquer en tout lieu et dans tous les aspects de votre vie, et des alternatives écologiques peuvent être mises en place aussi dans les autres pièces.

Liste non exhaustive de conseils malins pour le reste de votre maison !

MON AMEUBLEMENT ZÉRO DÉCHET

Vous avez trié par le vide au début de cet ouvrage et y voyez désormais plus clair dans votre vie. Peut-être allez-vous constater que vous avez absolument besoin d'acheter une commode, un placard, une table plus adaptée – un achat auquel vous aurez mûrement réfléchi : « Ai-je vraiment besoin de ce nouvel objet ? »

Si la réponse est oui, ne vous jetez pas sur le premier magasin d'ameublement ! Vous avez pensé « zéro déchet » pour faire le vide ; **pensez « zéro déchet » pour faire le plein** ! Des solutions existent pour se meubler à **moindre coût** et avec un **impact écologique le plus réduit possible**.

Pensez « occasion » !

Aujourd'hui, en France, l'achat et la revente d'objets d'occasion sont en plein essor, et les moyens, sites Internet et boutiques sont légion pour trouver votre bonheur.

Pour vos meubles, il en est de même, et je dirais même que dans l'ameublement en particulier, le choix de l'occasion est bien souvent le meilleur : vous récupérez des objets qui ont encore de beaux jours devant eux, leur donnez ainsi une seconde vie, **ne générez du coup aucun déchet supplémentaire** et **réalisez une économie substantielle** (moins de la moitié, voire le tiers du prix d'origine, parfois).

Vous trouverez des meubles d'occasion :

- Sur www.leboncoin.fr : la plupart des gens passent par ce site d'annonces de particulier à particulier gratuit très connu pour vendre leurs meubles ; vous trouverez certainement votre bonheur dessus, et sûrement près de chez vous !
- En recyclerie/ressourcerie (voir p. 24).
- Chez Emmaüs (www.emmaus-france.org) : là-bas, vous pouvez acheter à peu près tout ce qui est imaginable à prix dérisoires, tout en encourageant l'emploi de personnes en situation de précarité.

LE CONSEIL MALIN

D'une manière générale, pour tous vos achats futurs, tournez-vous autant que possible vers l'**occasion** : vous voulez acquérir une yaourtière ou une machine à pain pour cuisiner maison ? Vous en trouverez en parfait état de fonctionnement à moins de la moitié du prix neuf ! Idem pour la décoration (chez Emmaüs et en recyclerie/ressourcerie), les vêtements (dans les vide-dressings et les friperies), les objets de loisirs (CD, DVD, jeux, livres : dans les magasins type Cash Express ou Easy Cash – voir p. 27), la vaisselle, l'informatique, etc.

Le DIY, garanti zéro déchet

Le DIY, vous avez sûrement dû en entendre parler tant c'est à la mode depuis quelque temps : cela signifie *do it yourself*, en français « **fais-le toi-même** ». Du fait-maison, en somme ! Nous avons déjà abordé le fait-maison dans la cuisine, la cosméto, la déco... mais saviez-vous que vous pouvez aussi **fabriquer vos propres meubles** ? Et même si vous n'êtes pas bricoleur dans l'âme, ce n'est pas aussi difficile que vous le pensez.

Vous pouvez trouver des tas d'idées et de tutoriels malins pour des meubles *home made* sur Internet, mais deux grandes tendances se dégagent.

Le recyclage de palettes

Les palettes, ce sont ces plaques faites de planchettes de bois qui servent au transport des marchandises lourdes. Vu la quantité inimaginable de produits qui transitent à travers tout le pays, vous vous doutez bien que les palettes sont légion... près de 300 millions en France ! Bien que faites en bois, et donc recyclables, pourquoi alourdir absolument le processus de recyclage alors qu'on peut faire d'une pierre deux bonnes actions : **donner une seconde vie** à ces matériaux, et **éviter d'acheter de nouveaux meubles** (qui constitueraient de futurs déchets) ?

Les avantages sont nombreux : c'est un **matériau gratuit** (ou très peu coûteux), très **résistant**, facile à personnaliser (puisqu'il s'agit de bois brut) et surtout très **polyvalent** (ce sont des planches de bois... une fois démontées – et ce n'est même pas indispensable –, vous pouvez en faire absolument ce que vous voulez !).

À NOTER

Il existe cependant deux inconvénients, dont il faut avoir conscience avant de se lancer dans le DIY en palettes :

❯ l'hygiène : les palettes sont des environnements propices au développement des bactéries, il faut donc veiller à les entreposer dans un endroit sain, non humide et à l'abri ;

❯ l'entretien : étant brut, c'est un matériau forcément difficile à nettoyer ; tenez-en compte en concevant votre meuble et trouvez des solutions adaptées (comme utiliser un matériau supplémentaire en guise de protection sur une table en palettes destinée à accueillir les repas).

- **Où se procurer des palettes ?**

Lorsque vous êtes en voiture, en ville, gardez un œil (en toute sécurité !) le long des trottoirs, devant les supermarchés, les magasins... Vous verrez souvent des palettes abandonnées, laissées là par les commerçants afin qu'elles soient acheminées en déchetterie. Arrêtez-vous et demandez avec courtoisie au magasin en question si vous pouvez les prendre ; il sera sûrement heureux de s'en débarrasser !

Sinon, vous pouvez également vous en procurer :

- dans les zones commerciales (où se regroupent super- et hypermarchés, magasins de bricolage, etc.) ;
- chez tous les commerçants susceptibles de recevoir leurs marchandises en palettes ;
- dans les entreprises du BTP ou de transport de marchandises (beaucoup de palettes transitent par ces dépôts).

Avant de récupérer des palettes, **demandez toujours l'autorisation** au magasin concerné afin d'être certain qu'il ne les réserve pas pour un usage particulier, même si elles semblent en accès libre.

DES PALETTES, MAIS PAS N'IMPORTE LESQUELLES

Sachez que toutes les palettes ne sont pas adaptées à votre projet DIY. Pour commencer, vous ne pouvez pas récupérer les palettes déjà peintes : cela signifie qu'elles sont consignées et que vous n'avez donc pas le droit de les prendre.

Ensuite, certaines palettes subissent un traitement selon le type de transport qu'elles doivent assurer : les palettes destinées à l'import-export étranger nécessitent ainsi un traitement du bois. Le type de traitement appliqué est indiqué par un marquage sur la palette :

› La mention « HT » indique un traitement thermique non polluant : vous pouvez les utiliser sans problème.

› La mention « MB » signale un traitement au bromure de méthyle. Nous vous déconseillons d'utiliser ces palettes.

› L'absence de marquage signifie que la palette ne sert qu'au transport national ; aucun traitement n'a donc été appliqué et vous pouvez les utiliser sans souci.

→

Pour finir, choisissez des palettes non tachées, en bon état (bois solide, non fragilisées, non cassées) et présentant le moins de nœuds possible dans le bois (pour que vos réalisations soient solides).

- **Comment fabriquer des meubles en palettes ?**

Vous trouverez de **nombreux tutoriels en ligne** vous expliquant comment nettoyer les palettes, les démonter si besoin, les peindre, etc., ainsi que des explications complètes pour la réalisation de tables, canapés, lits, fauteuils, bibliothèques, rangements, jardinières, etc.

Tapez simplement « meubles palettes » ou « table/fauteuil/bibliothèque palettes » dans votre moteur de recherche Internet ou dans la recherche du site de vidéos en ligne YouTube.

Des meubles en carton !

En carton, oui, et cela ne les empêche nullement d'être **solides** et parfaitement **fonctionnels** ! Aussi étrange que cela puisse paraître, le carton peut s'avérer un matériau particulièrement résistant s'il est agencé de la bonne manière.

Vous pouvez fabriquer à peu près tout ce qui vous passe par la tête : un bureau, un meuble TV, une bibliothèque, une table, une commode, un canapé, des étagères et même un lit !

Les gros plus de cette méthode : le matériau de base est facile à trouver (on a toujours du carton chez soi dont on ne sait que faire, ou bien il suffit d'aller écumer les supermarchés après qu'ils ont été livrés), la fabrication est simple et ludique (vos enfants vont adorer !) et ces meubles sont totalement customisables (quoi de plus facile à peindre et décorer que du carton ?).

Enfin, voilà du mobilier pleinement zéro déchet qui se fabrique **à base de récup'** et **se recyclera** en fin de vie.

Vous trouverez de nombreux tutoriels vidéo sur YouTube en tapant « meubles carton » dans la recherche du site.

MON BUREAU ÉCO-RESPONSABLE

Dans votre bureau, vous avez peut-être là aussi une poubelle. Regardez dedans : qu'y voyez-vous ? Principalement du papier. Des documents dont vous n'avez plus besoin, des enveloppes de courriers reçus, des Post-it de courses. Le papier se recycle, certes ; mais si l'on peut réduire un tant soit peu l'énergie, l'effort et le coût dédiés à ce recyclage, ce n'est pas plus mal.

La première étape pour réduire ces déchets-là, c'est d'**éviter au maximum d'imprimer ce qui n'est pas nécessaire**. À chaque fois que vous vous apprêtez à cliquer sur « Imprimer », posez-vous la question : ai-je *réellement* besoin de cela ? Ne pouvez-vous pas le garder en mémoire ? Le recopier sur le tableau mémo de l'entrée ou de la cuisine ? Le noter sur votre smartphone ou dans un carnet ?

LES CONSEILS MALINS

Réfléchissez avant de jeter du papier déjà utilisé :

› Si vous avez des feuilles A4 dont le verso est encore vierge, constituez-en un stock que vous remettrez dans l'imprimante, à l'envers, lorsque vous aurez besoin d'imprimer quelque chose – songez simplement que le recto aura déjà été imprimé auparavant ; évitez donc d'utiliser cette technique pour écrire aux impôts ou à votre patron ! Ou bien servez-vous de ces papiers pour votre liste de courses, comme Post-it de fortune, brouillons, etc.

› Si vous avez des enfants, conservez toutes vos impressions, même recto verso : cela leur fera du papier brouillon qu'ils se feront un plaisir de gribouiller, colorier, découper, froisser, ou pour servir d'accessoires quand ils joueront à l'instituteur ou à Maman/Papa au travail !

Pensez également à **dématérialiser vos factures et documents officiels** : la demande peut être faite en ligne pour la plupart des organismes, ou en passant un simple coup de téléphone.

Concernant les revues, magazines et catalogues auxquels vous n'êtes pas abonné, mettez-y le holà en collant une **étiquette « Stop pub »** sur votre boîte aux lettres. Pour obtenir votre autocollant, vous pouvez en faire la demande gratuitement auprès de votre mairie, conseil général, communauté d'agglomération, etc., ou bien télécharger et imprimer le visuel à l'adresse suivante : http://www.developpement-durable.gouv.fr/Stop-pub-moins-de-prospectus-dans.html.

N'hésitez pas également à **conserver et à réutiliser les enveloppes** que vous recevez – cela fait plus de deux ans que je n'en ai pas acheté une seule !

Un ordinateur zéro déchet, c'est possible ?

Vous avez sûrement un ordinateur dans le bureau. Vous n'y pensez peut-être pas, mais votre ordinateur représente une **importante source de pollution et de déchets** en raison de ses consommables, mais aussi et surtout de l'énergie qu'il utilise, y compris quand vous ne l'utilisez pas vous-même.

La première action à mettre en place pour faire des économies d'énergie (pour vous comme pour la planète), c'est d'**éteindre la veille de votre écran**. Pensez également à éteindre pour la nuit votre box Internet, votre imprimante, votre scanner et tous les appareils susceptibles de rester en veille dans la maison.

LE CONSEIL MALIN

Pour vous faciliter la tâche, connectez vos appareils sur des multiprises équipées d'un interrupteur, qu'il vous suffira d'éteindre en une fois le soir avant d'aller vous coucher.

Ensuite, c'est à l'intérieur même de l'ordinateur que le plus gros du travail est à faire. Internet est un outil formidable, mais il est **source de pollution numérique**. Entre les cookies, vos favoris et les milliards d'e-mails envoyés et reçus chaque jour, le Web génère aujourd'hui près de 2 % des émissions de CO_2 mondiales – ce chiffre aura doublé d'ici 2019. En effet, toutes ces informations sont stockées par d'énormes serveurs qui tournent en permanence. Pour pallier ce problème de plus en plus délétère pour la planète, il vous suffit de **nettoyer régulièrement votre ordinateur et vos boîtes e-mails** (et d'encourager vos proches à le faire) :

- **Désabonnez-vous des newsletters** qui ne vous intéressent pas.

- **Effacez régulièrement vos spams** (sur votre ordinateur et sur le serveur en ligne de votre fournisseur de messagerie), en pensant à vous désabonner de ces e-mails indésirables (un lien est généralement disponible dans le contenu de ces messages – assurez-vous qu'il ne s'agit pas d'un e-mail suspect dont le lien pourrait contenir un virus !).
- **Supprimez régulièrement vos cookies** (dans les paramètres de votre navigateur Internet) et ne mettez en favoris que les sites que vous utilisez quotidiennement.
- **Videz régulièrement votre corbeille de messagerie** (sur votre ordinateur et sur le serveur en ligne de votre fournisseur).

Concernant votre imprimante, passez aux **cartouches d'encre rechargeables** plutôt que de jeter les vôtres et d'en racheter de nouvelles (voir p. 39) : vous ferez des économies, en plus de produire moins de déchets. La plupart des marques et des magasins qui vendent des cartouches d'encre vous proposent ce service.

LES BONNES IDÉES DE NOS LECTEURS

› Morgane : « À la maison, nous écrivons à la plume, avec cartouches rechargeables, et j'ai trouvé un crayon avec mine rechargeable également. »

› Morine : « Je récupère les feuilles dont le verso est vierge, je les coupe en quatre, je perfore le haut et je les attache avec une ficelle ; cela me fait un carnet récup' qui remplace les Post-it. »

› Sandrine : « Mes épluchures de crayon de couleur vont au compost ; quant au crayon de papier, celui que j'utilise possède une graine : une fois fini, il faut le planter. »

› Luz : « Pour le reste de la maison, je récolte des marrons, que je dispose dans mes placards et penderies : c'est un excellent anti-mites ! »

Chapitre 6

J'entretiens ma maison au naturel

Les produits d'entretien, c'est dangereux et toxique, tout le monde le sait. Pourtant, cela ne nous empêche pas d'en déverser des litres, chaque semaine, dans nos canalisations, sur nos meubles, dans notre cuisine, notre salle de bains ou sur nos sols. Dans le mode d'emploi, au dos de l'étiquette, il est souvent écrit « à manipuler avec des gants ; ne pas avaler, inhaler ; en cas de contact avec les yeux, consultez immédiatement un médecin », etc. Très rassurant, tout ça. Sans parler des emballages hautement polluants de ces mêmes produits.

La très bonne nouvelle, c'est qu'il existe des **recettes et astuces de substitution naturelles**, beaucoup moins chères, faciles à mettre en œuvre, tout aussi efficaces et qui ne sont nocives ni pour nous, ni pour la planète.

MON TOP 3 DES INGRÉDIENTS MAGIQUES

Vinaigre blanc, citron, bicarbonate de soude : le trio magique ! Avec ces trois produits très bon marché, 100 % naturels et disponibles dans tous les supermarchés (le bicarbonate de soude alimentaire est au rayon des condiments, avec le sel ; le vinaigre blanc se trouve avec les huiles et vinaigres), vous allez pouvoir **entretenir votre maison dans le respect de l'environnement** – tout en produisant des déchets pas ou peu polluants et en quantité bien moindre (ces produits sont très efficaces même à petites doses ; ils dureront donc nettement plus longtemps que des nettoyants ménagers industriels).

Pourquoi ces trois produits ?

- Le vinaigre blanc : il est totalement **biodégradable et non toxique**, ni pour votre peau, ni pour l'environnement. **Il désodorise, désinfecte, nettoie, détartre** dans toutes les pièces de la maison et pour toutes les utilisations. De ce fait, il entre dans la composition de nombreux produits ménagers *home made*.
- Le bicarbonate de soude alimentaire : **100 % biodégradable et naturel**, lui aussi, il est totalement sain pour la planète et pour vous. Très polyvalent, il sert à tout ou presque (même pour votre santé lorsque vous cuisinez !) : **il dégraisse, récure, désinfecte, nettoie, fait briller, neutralise les mauvaises odeurs, détartre**... Il peut se mélanger au citron ou au vinaigre pour former une pâte nettoyante et détartrante multi-usage. (Bien sûr, pour des déchets les moins polluants possible, choisissez le bicarbonate vendu en carton ou en sac en papier.)
- Le citron : inutile de préciser combien il est **naturel et donc biodégradable** (à condition d'acheter du vrai citron, et non du jus tout prêt en bouteille plastique). Comme ses collègues, **il détartre, nettoie, désodorise, mais aussi désinfecte très efficacement** grâce à sa grande teneur en acide citrique.

LE CONSEIL MALIN

Nous allons vous suggérer quelques recettes astucieuses ci-après, mais pour aller plus loin et pour une utilisation optimale de ces produits, nous vous conseillons trois guides parus aux éditions Leduc :

❯ *Le citron malin* (de Julie Frédérique, 2009) ;
❯ *Le vinaigre malin* (de Michel Droulhiole, 2009) ;
❯ *Le bicarbonate malin* (de Michel Droulhiole, 2010).

Avec ces trois produits très simples, vous pourrez **tout nettoyer** ; mais en voici quelques-uns supplémentaires qui les compléteront et vous serviront pour de nombreux usages :

- **Savon de Marseille en copeaux/paillettes** (100 % à base d'huiles végétales) : pour laver des vêtements délicats à la main (ainsi que les vêtements pour bébé/enfant et pour personnes à la peau fragile) ou fabriquer votre lessive maison (voir p. 115), détacher le linge avant lavage, réaliser des recettes de produits ménagers pâteux (comme du gel WC – voir p. 123 – ou une pâte récurante).
- **Percarbonate de soude :** détacher le linge avant lavage (en particulier sur les taches organiques type sang, transpiration, vin rouge, café, herbe...), augmenter le pouvoir nettoyant de votre lessive *home made* (notamment pour le linge blanc, car il possède un pouvoir blanchissant, idéal pour le linge grisonnant ou jaunissant), utilisable en remplacement de l'eau de Javel, contre les moisissures ou en guise de nettoyant multi-usage *home madc* (toilettes, tapis/moquettes, joints de carrelage, nettoyage des sols, etc.).
- **Cristaux de soude :** entretenir et déboucher les canalisations, récurer un plat, nettoyer la terrasse, décaper les peintures ou papiers peints, nettoyer le four ou les plaques de cuisson, adoucir l'eau du lave-linge, redonner éclat et brillance à la vaisselle, augmenter l'efficacité de vos produits lave-vaisselle,

vaisselle, augmenter l'efficacité de vos produits lave-vaisselle, éviter les dépôts de calcaire, détacher du linge très sale, nettoyer les meubles de jardin, dégraisser des outils, décoller du papier peint, etc.

- **Savon noir liquide :** savon 100 % naturel composé d'huile d'olive et de glycérine, il est particulièrement recommandé dans une démarche zéro déchet car il est très concentré ; ainsi, quelques grammes de produit suffisent à chaque utilisation et votre savon noir vous dure bien plus longtemps qu'un nettoyant ordinaire. Il est très efficace pour nettoyer les sols (même le parquet !), détacher le linge avant lavage, dégraisser la cuisine ou la vaisselle, nettoyer les vitres (sans rinçage nécessaire) et même repousser les insectes indésirables au jardin !

À NOTER

Bien que leurs noms nous fassent irrémédiablement penser à la dangereuse soude caustique, le bicarbonate de soude, le percarbonate de soude et les cristaux de soude n'ont rien à voir avec elle, beaucoup plus corrosive !
La différence réside dans leur composition chimique ; pour résumer, le bicarbonate de sodium ne nécessite aucune précaution particulière ; le percarbonate et les cristaux de soude sont légèrement plus irritants pour la peau, évitez donc dans la mesure du possible le contact avec les mains (et les yeux, bien sûr), mais rien à voir avec les précautions draconiennes nécessaires pour l'emploi de la soude caustique, dont le contact peut laisser en quelques instants des lésions à vie…
Bicarbonate, percarbonate et cristaux de soude sont des produits naturels 100 % écologiques, contrairement à la soude qui est une catastrophe pour l'environnement, car elle modifie le pH des eaux usées libérées dans la nature, polluant ainsi les nappes phréatiques et perturbant grandement la faune et la flore.

3 HUILES ESSENTIELLES INDISPENSABLES

Si vous vous mettez au ménage écologique, il est 3 produits complémentaires dont vous ne pourrez vous passer :

› l'**huile essentielle de citron** (antiseptique, bactéricide, désodorisante) ;

› l'**huile essentielle de lavandin** (antiseptique, bactéricide, microbicide ; parfume agréablement la maison) ;

› l'**huile essentielle de *tea tree* ou arbre à thé** (désinfectante, nettoyante, purifiante ; très utile aussi en guise de répulsif contre les insectes).

Au moyen de quelques gouttes de chacune ici et là dans vos produits ménagers maison, elles permettront, outre de parfumer agréablement, d'assainir les surfaces nettoyées et de tuer bactéries et microbes de manière totalement naturelle. Là encore, le zéro déchet est à l'honneur, puisque vos fioles d'huiles essentielles (en verre, donc recyclables) vous dureront jusqu'à 6 mois d'utilisation, tous produits ménagers confondus.

(Attention, l'usage des huiles essentielles demande quelques précautions : elles doivent toujours s'utiliser diluées – pour ce qui nous concerne, dans les produits ménagers – et ne jamais être en contact avec la peau.)

Côté matériel, là encore, ayez toujours chez vous des **accessoires lavables, durables, réutilisables** comme des brosses, des lavettes en tissu, des éponges lavables, des microfibres, etc.

NOS PRODUITS MÉNAGERS 100 % ÉCOLONOMIQUES

Les produits cités précédemment peuvent s'utiliser indépendamment les uns des autres ; mais pour une action encore plus efficace, et pour mieux remplacer les produits industriels tout en conservant le même confort d'utilisation, voici quelques recettes de **produits ménagers durables et faciles à faire** pour entretenir toute votre maison en réduisant considérablement vos déchets.

LES CONSEILS MALINS

› Tant que vous utilisez encore des produits industriels, **conservez précieusement leurs contenants** (ou récupérez ceux de vos proches) : non seulement ça évitera de les jeter, mais cela vous permettra surtout d'y stocker vos propres produits ménagers ! Veillez à bien les rincer et nettoyer au préalable, afin qu'il ne reste plus aucun résidu des produits d'origine.

› Les ingrédients que nous citons ci-après dans nos recettes ne sont pas nocifs (ni pour vous, ni pour la planète) ; toutefois, du fait de leur composition chimique naturelle, certains peuvent être légèrement irritants et/ou dégager des vapeurs désagréables durant la chauffe. Il convient de **prendre des précautions** d'usage chaque fois que vous réalisez une recette « chimique » (de produit ménager ou cosméto, par exemple), même avec des ingrédients naturels : portez des gants pour la manipulation des produits et un masque pour la bouche et le nez lors de la chauffe des ingrédients. Aérez bien pendant et après. Ne réalisez pas ces recettes en présence d'enfants et ne les laissez pas y toucher. Suivez les précautions d'usage concernant les huiles essentielles (surtout si vous êtes enceinte ou si vous avez des enfants en bas âge). En cas de contact avec la peau, rincez abondamment. En cas d'ingestion ou de contact avec les yeux, consultez immédiatement un médecin.

Du home made *pour laver mon linge*

Les méfaits des lessives et adoucissants industriels sur l'environnement sont désormais bien connus : lorsque vous faites tourner une machine, l'eau usée part dans les canalisations en direction des stations d'épuration, où elle est filtrée ; cela dit, de nombreux tensio-actifs chargés en métaux lourds et autres agents toxiques passent tout de même et se retrouvent en pleine nature. En sachant qu'une seule famille utilise près de 26 litres de lessive liquide par an… Quant aux contenants des lessives, tout de plastique, ils contribuent eux aussi pour une belle part à la pollution mondiale.

Les recettes qui suivent remplaceront aisément votre lessive et votre adoucissant, tout en coûtant bien **moins cher**, en **durant plus longtemps** et en **générant des déchets moindres**, et surtout recyclables.

Essayez-les, et adoptez-les !

Lessive au savon de Marseille

Ingrédients (pour 1 litre de lessive) :

- 1 litre d'eau ;
- 40 g de savon de Marseille en copeaux (en magasin bio) ;
- huile essentielle au choix (citron, lavandin, orange…[1]).

1. Plus d'infos sur les huiles essentielles, leurs vertus et les précautions d'usage : *Les huiles essentielles, c'est malin*, de Danièle Festy et Catherine Dupin (Leduc éditions, 2012).

Pour ajouter à chaque machine :
- vinaigre blanc ;
- bicarbonate de soude ;
- percarbonate de soude.

Préparation
- Faites bouillir 1 litre d'eau dans une casserole, puis versez-y les copeaux de savon de Marseille et mélangez jusqu'à ce que l'eau devienne blanche (ou verte si vous utilisez le savon vert).
- Laissez refroidir et ajoutez quelques gouttes de l'huile essentielle de votre choix selon l'odeur qui vous plaît et l'effet recherché (le site www.aroma-zone.com fournit un descriptif détaillé de chaque huile essentielle). Mélangez et versez dans un bidon de lessive propre.
- À chaque machine, versez l'équivalent d'un verre de votre lessive maison.

LE CONSEIL MALIN

Pour renforcer naturellement l'efficacité de votre lessive en fonction du type de linge, ajoutez au choix, dans le bac à adoucissant :

› du vinaigre blanc + 1 cuil. à soupe de bicarbonate de soude si c'est une machine de couleurs ;

› du vinaigre blanc + 1 cuil. à soupe de percarbonate de soude si c'est une machine de blanc.

(Cela s'applique également pour la lessive de cendre, voir ci-après.)

Lessive de cendre

Encore plus zéro déchet et quasi totalement gratuite !

Ingrédients :

- de la cendre de cheminée ou de poêle (issue de la combustion de bois) ;
- de l'eau ;
- huile essentielle au choix (citron, lavandin, orange...).

Préparation

- Filtrez votre cendre de cheminée en la passant dans un tamis ou une passoire fine afin de la débarrasser de tous les résidus du feu (morceaux de charbon, clous de cagettes, etc.). Vous devez obtenir une poudre fine (attention, celle-ci est très volatile ; soyez délicat durant l'opération de tamisage !).
- Dans un grand saladier (idéalement avec bec verseur), versez doucement de la cendre, puis ajoutez 3 fois ce volume en eau bien chaude – le saladier doit être, au final, plein aux trois quarts.
- Fouettez vivement pour mélanger, puis laissez reposer tel quel, à température ambiante, durant 4-5 jours. Deux à trois fois par jour, fouettez vivement le mélange afin de bien libérer la potasse contenue dans la cendre (c'est elle qui va donner à l'eau son pouvoir lavant).
- L'eau doit être devenue jaune-marron ; elle doit glisser sur vos doigts lorsque vous les mouillez. Attendez que la cendre repose totalement au fond. Recouvrez le fond d'un tamis ou d'une passoire fine avec un linge propre aux mailles serrées (T-shirt, collant fin, etc.), puis placez un grand saladier en dessous.
- Très doucement, sans bousculer le saladier contenant la lessive (au risque de remettre la cendre en suspension dans l'eau), versez délicatement l'eau à travers la passoire. Le tissu va

filtrer l'eau et retenir la cendre (mais essayez autant que possible de ne pas verser de cendre dans la passoire, sinon votre tissu-filtre va très vite se boucher !). Récupérez autant d'eau que possible, jusqu'à ce qu'il ne reste plus qu'une boue épaisse au fond, que vous pourrez déposer au pied de vos plantes (la cendre constitue un bon engrais et repousse les indésirables).

- Versez l'eau recueillie dans votre bidon de lessive. Ajoutez quelques gouttes de l'huile essentielle de votre choix.
- À chaque machine, ajoutez 2 verres de lessive de cendre dans le bac à lessive.

UN INGRÉDIENT 100 % NATUREL ET GRATUIT !

Si vous possédez une cheminée, un insert ou un poêle à bois, conservez précieusement votre cendre – personnellement, ma cendre de l'hiver me permet de faire de la lessive pour toute l'année, et je dois même parfois donner du surplus de cendre à mes proches !

Si vous ne possédez pas de cheminée ou autre, demandez à vos proches, vos voisins, vos collègues, etc. : vous trouverez toujours quelqu'un qui en possède et qui sera disposé à vous donner sa cendre. Et, qui sait, peut-être que cela l'interpellera et le/la sensibilisera à votre démarche !

Du home made *pour faire ma vaisselle*

Mêmes problèmes écologiques, et mêmes alternatives pour les produits vaisselle !

Liquide vaisselle

Ingrédients :
- 50 g de savon de Marseille en copeaux ;
- 1 cuil. à soupe de bicarbonate de soude alimentaire ;
- 1 cuil. à soupe de vinaigre blanc ;
- 1 cuil. à soupe de cristaux de soude ;
- 1 cuil. à soupe de savon noir liquide ;
- 20 gouttes d'huile essentielle au choix (mandarine, lavandin, *tea tree*, pin sylvestre, etc.) ;
- 800 ml d'eau bouillante.

Préparation
- Dans un saladier, versez le savon de Marseille puis l'eau chaude, et remuez.
- Ajoutez le vinaigre blanc, les cristaux de soude, le bicarbonate, le savon noir, puis mélangez. Laissez reposer quelques heures.
- Quand le liquide est épais, passez la préparation au mixeur-plongeur (que vous n'utiliserez pas pour l'alimentaire) afin d'obtenir une texture bien lisse.
- Ajoutez ensuite les huiles essentielles de votre choix et versez le tout dans un grand flacon en verre ou en plastique (si la préparation se fige, ce sera plus facile à mélanger en secouant le flacon ou en ajoutant un peu d'eau chaude).

Cake vaisselle

Non, qui dit « cake » ne dit pas « mangeable » pour autant ! Cette recette permet tout simplement de réaliser du **produit vaisselle sous forme solide** (comme un savon), sur lequel on vient frotter son éponge mouillée. Il mousse tout autant que du liquide vaisselle classique, mais dure beaucoup plus longtemps, car une très petite quantité suffit sur l'éponge.

Pour l'exemple, 150 g de cake vaisselle vous coûteront environ 6 euros et dureront en moyenne 7 mois, soit 0,87 centimes d'euro par mois contre à peu près 3 euros de liquide vaisselle industriel ; une belle économie d'argent et de déchets, donc !

Ingrédients (pour 150 g de produit) :

- 250 g de SCS (socium coco sulfate, disponible sur www.aroma-zone.com) ;
- 63 g de SCI (sodium coco isethionate, disponible sur www.aroma-zone.com) ;
- 14 ml d'eau ;
- 14 ml de vinaigre blanc ;
- 14 ml de jus de citron ;
- 14 gouttes d'huile essentielle de *tea tree* ;
- 14 gouttes d'huile essentielle de citron ;
- 14 gouttes d'huile essentielle de lavandin.

Préparation

- Faites fondre au bain-marie le SCS, le SCI, l'eau, le vinaigre et le jus de citron. Mélangez bien pendant la chauffe jusqu'à obtenir une pâte homogène (les granulés et la poudre doivent être complètement dissous).
- Hors du feu, ajoutez les huiles essentielles et mélangez. Disposez la pâte obtenue dans un récipient (Tupperware, coupelle, etc.), puis placez-le au réfrigérateur pour 24 heures

afin que la préparation se solidifie. Votre cake vaisselle est prêt à être utilisé.

Détartrant minute

Le vinaigre seul est déjà très efficace pour enlever le tartre et le calcaire. Néanmoins, vous pouvez **l'associer au bicarbonate de soude** pour plus d'efficacité et pour un effet effervescent.

Dégraissant multi-usage

Plutôt que d'utiliser 3 ou 4 produits ménagers différents, coûteux, toxiques pour l'environnement et votre peau, et autant d'emballages polluants, voici une **recette express de dégraissant multi-usage 100 % naturel et... quasi gratuit !**

Vous pouvez l'utiliser pour nettoyer la table de la cuisine, le plan de travail, la plaque de cuisson, mais aussi les toilettes, les jouets de vos enfants et même les vitres !

Ingrédients :
- lessive de cendre (voir p. 117) ;
- huile essentielle de citron ;
- huile essentielle de lavandin ;
- huile essentielle de *tea tree*.

Préparation
- Remplissez un spray (type nettoyant pour vitres, bien rincé de son produit d'origine) de lessive de cendre.
- Ajoutez 10 gouttes de chacune des huiles essentielles.
- C'est prêt !

Désodorisant pour toute la maison

Nous avons déjà parlé des méfaits des aérosols, tant sur le plan de la composition chimique que de l'emballage. Les désodorisants pour la maison, les toilettes, etc., n'échappent pas à cette règle. Et l'industrie nous pousse à acheter toujours plus de produits différents (avec leurs emballages polluants).

Voici une recette de **désodorisant ultra-facile à réaliser, et qui vous servira pour toute la maison** : les toilettes, les odeurs de cuisine, la chambre des enfants (en leur absence uniquement pour les plus jeunes ; veillez à ne les laisser revenir qu'au bout d'une demi-heure, en raison de la présence d'huiles essentielles), la voiture...

Ingrédients :
- vinaigre blanc ;
- acide borique (disponible en pharmacie et parapharmacie – un petit sachet suffit largement) ;
- huiles essentielles au choix (eucalyptus radié, pin sylvestre, orange, citron, menthe poivrée, lavandin, *tea tree*...).

Préparation
- Remplissez un spray (type produit pour vitres, bien nettoyé de son produit d'origine) de vinaigre blanc.
- Ajoutez une petite cuillère à café d'acide borique.
- Versez une trentaine de gouttes de vos huiles essentielles (par exemple, 15 gouttes d'orange et 15 gouttes de citron, ou bien un mélange menthe/citron/*tea tree* à raison de 10 gouttes chacune, etc.).
- Mélangez en secouant, puis laissez reposer 3 jours, le temps que l'acide borique se dissolve bien. C'est prêt !

Gel nettoyant WC et salle de bains

Plutôt que deux produits polluants pour les WC et la salle de bains, pourquoi ne pas miser sur un seul produit 100 % naturel et 100 % zéro déchet ?

Ce gel vous permettra de **nettoyer aussi bien la salle de bains que vos WC** (il vous suffira de conserver un ancien flacon de produit WC – permettant de verser à l'envers –, bien nettoyé de son produit d'origine).

Ingrédients :
- 1 cuil. à café de bicarbonate de soude alimentaire ;
- 1 cuil. à soupe de cristaux de soude ;
- 20 g de savon de Marseille en copeaux ;
- 3 cuil. à café de vinaigre blanc ;
- 1 litre d'eau ;
- 10 gouttes d'huile essentielle de *tea tree* ;
- 7 gouttes d'huile essentielle d'eucalyptus radié ou de ravintsara ;
- 5 gouttes d'huile essentielle de lavandin.

Préparation
- Faites fondre dans une casserole, tout en mélangeant, le bicarbonate de soude, les cristaux de soude, le savon de Marseille, le vinaigre et l'eau.
- Hors du feu, ajoutez les huiles essentielles, mélangez, versez dans un flacon récupéré (bien nettoyé), puis laissez reposer 24 heures afin que la préparation se gélifie.
- C'est prêt ! Il est normal que le produit se décompose au repos ; avant chaque utilisation, secouez bien votre flacon afin de réhomogénéiser votre gel nettoyant.

LES BONNES IDÉES DE NOS LECTEURS

› Marie-Hélène : « Je recycle tous les tissus coton de la maison pour en faire des éponges. »

› Gwenn : « Je fabrique mes propres éponges lavables avec de vieilles serviettes de toilette. »

› Marjolaine : « Mon astuce anti-mites alimentaires : une coupelle avec des bouts de tissu chiffonnés sur lesquels je verse de l'huile essentielle de lavandin. Je parsème de clous de girofle et de poivre – et je conserve tous mes aliments dans des bocaux en verre hermétiquement fermés. Très efficace ! »

› Camille : « Les planches à découper, ça sent vite mauvais. Je désodorise la mienne très simplement en l'aspergeant de vinaigre blanc et en saupoudrant de bicarbonate de soude, je laisse reposer 1 ou 2 heures, puis je rince. »

2

ZÉRO DÉCHET AVEC MES ENFANTS

Prendre soin de notre planète en adoptant une démarche zéro déchet, c'est prendre soin de nous au présent ; mais c'est aussi prendre soin de nos enfants et leur préparer un avenir et un environnement meilleurs. Cela commence dès l'annonce de la venue prochaine de Bébé, et tout d'abord par son environnement immédiat : une chambre saine, non polluée et non polluante, car après la cuisine et la salle de bains, la chambre de votre futur enfant va rapidement devenir la troisième pièce de la maison la plus génératrice de déchets, entre les couches, les lingettes et divers produits de soin et de toilette.

La démarche zéro déchet, c'est aussi apprendre à consommer moins et mieux pour ses enfants, tout en les sensibilisant dès le plus jeune âge au respect de la planète et en leur faisant prendre dès le départ de bonnes habitudes de vie au quotidien, bonnes pour eux et bonnes pour le monde qui les entoure.

Mais concrètement, comment vivre zéro déchet avec ses enfants ?

Chapitre 1

Préparer l'arrivée de Bébé

Je me souviendrai toujours de la remarque qu'un écologiste enragé avait faite sur mon blog qui parle d'écologie et de parentalité : « On ne peut pas se dire écolo et faire des enfants. Ce qui pollue le plus la planète, ce sont les humains ! » Après un court instant de surprise à la lecture de ce commentaire très poussé, je n'ai pu m'empêcher de sourire.

C'est l'une des leçons que vous apprendrez vite en vous lançant dans le zéro déchet : il y a des extrémistes partout. Vous rencontrerez toujours quelqu'un pour vous critiquer parce que vous n'êtes pas assez écologiste à son goût : vous mangez de la viande ? C'est l'industrie la plus polluante ! Vous faites des enfants ? Ce sont de futurs pollueurs. Vous allez au travail en voiture ? Et la couche d'ozone, alors ?! N'écoutez pas ces mauvaises langues. Chacun voit midi à sa porte, chacun se sentira plus à l'aise de faire des efforts dans le domaine qui le touche le plus. **Chaque geste vers le zéro déchet est le bienvenu.** Chacun à son rythme, chacun comme on peut, et surtout comme on veut.

Pour ma part, avoir un enfant était la chose la plus évidente au monde. C'est d'ailleurs pendant ma grossesse que j'ai ouvert mon esprit à l'écologie, et c'est pour mon enfant que j'ai commencé à lire les étiquettes des produits. C'est pour mon enfant, pour son futur et pour le futur de ses propres enfants que ma conscience écologique s'est réveillée et réellement mise en route. Comme le dit très justement un proverbe indien : « Nous n'héritons pas de la terre de nos parents, nous l'empruntons à nos enfants. »

Néanmoins, l'arrivée d'un enfant provoque beaucoup de changements et peut vite nous pousser à la surconsommation, sans parler de tous les produits jetables ou en plastique associés à ce petit être. Heureusement, il existe des solutions écologiques et économiques pour devenir des parents zéro déchet !

LA CHAMBRE DE BÉBÉ

Une peinture éco-respectueuse

Avant même d'installer le mobilier, vous aurez peut-être envie de repeindre la chambre de Bébé. Attention, ce petit geste décoration qui vous paraît anodin peut se transformer en piège toxique pour votre enfant (et pour la planète).

Pensez à bien **choisir une peinture écologique, sans substances nocives** qui émettraient des vapeurs toxiques. Voici des solutions pour vous y aider :

- Pour rester dans le principe du zéro déchet, vous pouvez acheter de la peinture d'occasion ou les fins de séries des magasins de bricolage. Attention toutefois à leur composition ! Être zéro déchet ne veut pas dire se mettre en danger pour économiser un pot de peinture. **Il vaut mieux acheter neuf et sain que d'occasion et nocif.** Mais si vous souhaitez utiliser cette solution, il existe un site très bien fait pour tout ce qui concerne le bricolage entre particuliers : www.eco-brico.fr.

- Si vous préférez acheter neuf, voici **quelques marques de peintures écologiques et saines** :
  - **Biorox** sur le site www.prodirox.com propose des peintures végétales, sans odeurs et sans solvants.
  - **Little Greene** (www.littlegreene.fr), société anglaise fondée au XVIIIe siècle, propose quant à elle des peintures à base de résine et de pigments naturels d'une très haute qualité. Ils ont également obtenu la certification européenne BS EN ISO 14001 pour la protection de l'environnement.
  - **Le Jardin des Nuances** (www.le-jardin-des-nuances.fr), marque 100 % française, propose des peintures non bio mais naturelles à base d'argile, coquilles d'huîtres, sable ou poudre de marbre.
  - Certains grands magasins de bricolage, enfin, proposent également des peintures certifiées EU Ecolabel ou à base d'algues.
- Vous pouvez également **fabriquer votre propre peinture** à base de farine, d'huile de lin et de pigments, par exemple. Tapez « fabriquer peinture écologique » dans votre moteur de recherche Internet, ou dans le champ de recherche de YouTube pour accéder à des tutoriels en vidéo.

Une seconde vie au mobilier

Pour le mobilier, vous pourriez choisir une marque proposant du bois éco-responsable et dépenser un bon mois de salaire. Mais que vous optiez pour cette solution ou pour des meubles classiques, une seule règle d'or en zéro déchet : **achetez d'occasion** !

J'ai moi-même acheté une chambre complète pour ma fille aînée (lit, armoire, commode), d'occasion, à une famille qui l'avait très bien entretenue. Je l'ai payée 250 euros alors que son prix en magasin avoisinait les 500 euros… Presque quatre ans après, le mobilier est encore en très bon état et je l'utilise pour ma petite deuxième qui vient d'avoir 1 an.

À NOTER

S'il est un domaine dans lequel vous pouvez faire des affaires en occasion, c'est bien la puériculture ! En effet, tout ce qui touche à l'univers des bébés et des jeunes enfants est en général très bien conservé, si ce n'est en parfait état, non cassé, peu usé, peu ou pas taché, ce pour trois raisons très simples :

- Les parents veulent généralement le meilleur pour leur enfant ; dans la mesure du possible, ils achètent des vêtements, meubles, jouets de bonne qualité qui ne risquent pas de mettre en danger leur enfant ou d'être nocifs.
- Ces mêmes objets et vêtements de bonne qualité coûtent cher à l'achat : les parents veulent pouvoir récupérer la valeur déboursée pour l'achat d'autres meubles, vêtements, objets plus adaptés à leur enfant qui a grandi.
- Enfin, les tout-petits grandissent et évoluent très vite, les premières années ! Les vêtements, chaussures, matériel de

→

puériculture ne leur correspondent rapidement plus (parfois en l'espace de quelques semaines !), le mobilier n'est plus adapté ; bref, ils ont été globalement peu utilisés, donc peu usés.

Pour trouver du mobilier pour bébé d'occasion, plusieurs solutions, dont nous avons déjà parlé dans les précédents chapitres, s'offrent à vous :

- Le site **www.leboncoin.fr** reste LA référence en matière d'achat d'occasion.
- **Facebook** regorge de groupes de vente ou de parents rassemblés par commune, département, région ; il vous suffit de taper, dans la recherche du site, des mots-clés comme « puériculture [numéro de votre département] » ou « occasion bébé [nom de votre commune] », par exemple.
- Les **vide-greniers**, et notamment les vide-greniers orientés puériculture (parfois appelés « **bourses aux jouets** ») regorgent de matériel de puériculture et de mobilier pour enfants, généralement en très bon état et à des prix encore plus compétitifs que sur Internet (les gens se sont déplacés et ont loué un emplacement pour vendre leurs affaires : tout doit partir dans la journée !). Vous trouverez la liste des vide-greniers puériculture sur le site www.vide-greniers.org.
- Enfin, **pourquoi ne pas demander tout simplement autour de vous** ? Vous avez sûrement un frère/une sœur, des cousins, des voisins, des collègues ou des amis qui sont devenus parents un, deux, trois ans avant vous, et qui sont sur le point de se débarrasser du mobilier et des objets dont ils ne se servent plus. Vous ferez des affaires à prix d'ami, quand ce n'est pas tout simplement donné de bon cœur !

S'ÉQUIPER ZÉRO DÉCHET

Maintenant que vous avez peint la chambre et installé le mobilier, vous allez vouloir acquérir tout le matériel de puériculture nécessaire au bien-être de votre enfant. En lisant les magazines spécialisés, on a l'impression qu'il faudrait une deuxième pièce pour ranger tout le « nécessaire » de puériculture. Bien sûr, pour limiter un peu les dégâts, vous pourriez tout acheter d'occasion ; mais avant d'en arriver là, **posez-vous la question de ce qui est réellement nécessaire**.

Concrètement, il faut très peu de choses pour s'occuper d'un enfant. Comme en cuisine, il suffit de choisir du **matériel de base solide, pratique et durable**. Le reste relèvera plutôt d'une aide supplémentaire que de la nécessité absolue. Pensez-y lorsque vous allez créer votre liste de naissance.

En attendant, je vous propose la mienne, en sachant que **tout peut se trouver très facilement d'occasion et en parfait état** pour la moitié du prix, si ce n'est moins.

MA LISTE DE NAISSANCE SANS SUPERFLU

› **Siège-auto** : les sièges-autos coûtent cher et sont générateurs de déchets non recyclables ; mais ils sont indispensables. Quant à la qualité (et donc le prix), impossible de faire l'impasse dessus. La solution est d'opter pour un siège le plus durable possible, c'est-à-dire que vous pourrez utiliser le plus longtemps possible. Vous pouvez, par exemple, choisir un siège de groupe 0 pour commencer (de la naissance à 10 kg, soit jusqu'à environ 18 mois), puis un siège de groupe 1/2/3 (de 9 à 36 kg, soit de 1 à 12 ans).

→

Pour vous y retrouver dans la jungle des types de sièges et des marques, je vous conseille le site www.securange.fr, qui propose régulièrement des comparaisons entre sièges-autos et les résultats précis des crash tests. Attention : contrairement aux autres équipements de puériculture, **le siège-auto ne doit absolument pas s'acheter d'occasion** (ou alors à quelqu'un que vous connaissez bien et en qui vous avez confiance) ; en effet, s'il a subi un choc, cela ne se verra pas forcément, mais mettra votre enfant en grand danger en cas d'accident.

❯ **Écharpe de portage** (voir p. 135) et/ou **poussette évolutive** (voir p. 135).

❯ **Lit cododo** et/ou **lit bébé**.

❯ **Armoire** ou **commode**.

❯ **Table à langer**.

❯ **Chaise ou fauteuil confortable** pour l'allaitement/le biberon, les câlins, les histoires du soir...

❯ **Couches lavables** (voir p. 139).

❯ **Lingettes lavables** (voir p. 147).

❯ **Thermomètre corporel et pour le bain** (il est coûteux à l'achat mais vous évite d'en acheter plusieurs, et il est durable car de meilleure qualité).

❯ **Réducteur** pour le bain ou **petite baignoire**.

❯ **3 gigoteuses** d'hiver ou d'été, selon la saison.

❯ **Tapis d'éveil** et/ou **coussin Doomoo** : le Doomoo est un coussin qui s'utilise dès la naissance en guise de « transat ». Il permet de poser Bébé pour la sieste ou un temps de repos (toujours sous surveillance) ; sa structure enveloppante et moelleuse le rassure en le maintenant dans une position regroupée qui lui rappelle le ventre de sa mère. Un harnais permet d'assurer sa sécurité. En plus, il est durable, car il pourra servir de coussin de jeu puis de pouf au fur et à mesure que l'enfant grandit.

Pour les temps d'éveil, une **couverture douce** remplace tout à fait le tapis d'éveil, pourvu qu'elle soit épaisse, moelleuse et qu'elle

→

conserve la chaleur (afin que l'enfant ne soit pas incommodé par le froid du sol), par exemple une peau d'agneau (trouvable en boutiques Internet bio) ; il suffit ensuite de mettre à disposition de Bébé quelques jouets à proximité ou plus loin sur la couverture pour stimuler son éveil et sa motricité, ou bien une arche de jeux au-dessus de lui quand il ne sait pas encore se retourner.

› **Trousse de toilette** (ciseaux pour ongles, mouche-bébé, brosse à cheveux douce, sérum physiologique, gant de toilette doux ou éponge naturelle).

Pour du matériel de puériculture de qualité, durable et écologique, misez sur les magasins bio et les boutiques en ligne bio (notamment celles spécialisées dans la puériculture, comme www.brindilles.fr, www.maman-naturelle.com ou www.bebe-au-naturel.com).

Pour le même matériel, mais moins cher, ciblez encore les occasions !

Des vêtements zéro déchet pour mon bébé ?

Le maître mot pour les vêtements de Bébé, là encore, c'est l'OCCASION ! Le rapport entre le prix neuf des vêtements de naissance et le temps durant lequel ils sont portés est complètement disproportionné. C'est pour cela que **l'occasion est la solution écologique idéale.** Vous pourrez trouver tout ce dont vous avez besoin à très petits prix et comme neuf – et le revendre vous-même plus tard, pour limiter toujours plus vos déchets.

Un bébé de 0 à 3 mois ne porte ses vêtements qu'une à trois fois en moyenne. Quel intérêt de mettre 20 euros dans un pyjama qui ne lui ira plus au bout de quinze jours ?

Les pistes pour acheter des vêtements bébé d'occasion sont les mêmes que pour le mobilier (voir p. 131) : Le Bon Coin ; les vide-greniers puériculture ; les groupes de vente entre parents sur Facebook ; vos proches, amis, collègues ; ou encore les sites vide-dressing en ligne comme www.colorissimomes.fr, www.roseindigo.com ou www.tydressing.fr (dédiés spécialement aux vêtements pour enfants).

LE CONSEIL MALIN

Ne remplissez pas vos placards de dizaines de vêtements minuscules, aussi mignons soient-ils. Un bébé grandit très vite, surtout les premiers mois, et vous trouverez cela bien plus pratique et confortable de lui mettre quotidiennement des pyjamas et des bodies.

La poussette, bonne ou mauvaise idée ?

En soi, une poussette n'est pas anti-zéro déchet : on l'achète en général pour plusieurs années (à condition de la choisir **évolutive, donc durable**), on peut l'acquérir d'occasion en très bon état et la revendre tout aussi facilement. Mais ce n'est pas forcément l'option la plus pratique et il existe des solutions qui peuvent vous rendre accessibles des lieux qui ne le sont pas ou peu en poussette.

C'est le cas des **porte-bébés physiologiques** et des **écharpes de portage** : en plus de créer un contact rassurant avec votre enfant, ils vous permettent de l'emmener absolument partout avec vous. Peu encombrant et proposant de nombreux systèmes d'attaches et de modèles pour convenir au plus grand nombre, le porte-bébé est, d'après moi, un **indispensable puériculture qui peut aisément remplacer la poussette**. (Ce qui ne vous empêche pas d'acquérir une poussette d'occasion pour les balades plus longues ou facilement accessibles.)

C'est aussi un **achat durable**, puisque vous pouvez l'acheter lui aussi d'occasion et le revendre par la suite (sans compter que les modèles sont exclusivement ou quasiment faits de tissu, généralement bio) ou, mieux, l'utiliser pour le prochain enfant (et les suivants !).

LES MOYENS DE PORTAGE POUR MON BÉBÉ

Selon l'âge et le poids de votre enfant, différents modes de portage peuvent vous être conseillés, mais ce qui prime, c'est **votre ressenti et celui de votre enfant**, le mieux étant de participer à un **atelier de portage** avant de vous lancer dans l'achat de votre premier porte-bébé (vous trouverez facilement des moniteurs de portage près de chez vous ; certaines sages-femmes organisent des ateliers directement dans leur cabinet).

Quoi que vous choisissiez, optez dans tous les cas pour un portage **physiologique**, c'est-à-dire qui respecte la morphologie de votre enfant. Les bébés et jeunes enfants ont besoin d'être en position regroupée (dos arrondi, jambes en « grenouille », fesses plus basses que les genoux). Et jamais en position « face au monde », qui entraîne une sur-stimulation de laquelle l'enfant ne peut pas se protéger, mais **face au porteur** (dans le dos ou contre la poitrine, selon votre préférence).

Vous trouverez, dans nos bonus à télécharger p. 285, des explications détaillées sur les différents moyens de portage existants.

Pour vous procurer un portage physiologique, après avoir suivi un atelier de portage et vous être décidé sur un modèle (écharpe, sling, préformé, mei-tai, ou plusieurs d'entre eux), cherchez sur Le Bon Coin, dans les boutiques en ligne bio ou bien sur les groupes Facebook de revente et d'achat d'occasion (tapez « portage occasion » dans la recherche du site). Trois marques françaises tirent leur épingle du jeu en proposant plusieurs types de portages différents : **www.jeportemonbebe.com, www.linglingsling.com** et **www.ptitsymoloko-portebebe.com.**

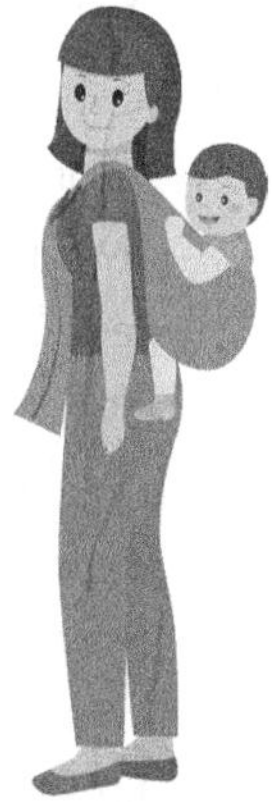

LES BONNES IDÉES DE NOS LECTEURS

› Camille : « Pour le bain, des amies m'ont conseillé la baignoire Shantala : c'est une baignoire étroite et haute qui permet de placer Bébé dans une position lui rappelant le ventre de Maman. Le bain devient un moment apaisant, plus que dans un réducteur de bain où certains bébés, en position allongée non naturelle, sont angoissés par le bruit et l'écoulement de l'eau. En outre, la Shantala nous permet de faire des économies d'eau par sa petite contenance et parce qu'elle conserve l'eau chaude plus longtemps. Un accessoire utile, donc, et totalement dans l'esprit zéro déchet ! »

› Pierre : « Dans la chambre de notre fille, nous avions besoin et d'une table à langer, et d'une commode. Plutôt que d'acheter deux meubles encombrants, nous avons choisi un combiné commode avec plateau de table à langer qui s'ajuste dessus. Quand l'enfant grandit et qu'il n'y a plus besoin de le changer, le plateau s'enlève pour faire place à une commode classique. Et quand sa commode sera devenue trop petite pour ses affaires, il nous suffira de revendre le tout d'occasion. » →

› Marie : « Pour la décoration de la chambre de nos jumelles, nous avons sensibilisé tous nos proches au zéro déchet en leur demandant de nous fabriquer chacun un objet déco de leur choix ! Nous avions simplement donné une liste de couleurs, pour que tous les objets réunis, bien qu'hétéroclites, s'accordent un minimum. Ils ont tous joué le jeu : certains ont fabriqué des tableaux d'images en chinant des cartes postales qu'ils ont agencées dans un cadre en bois *home made* ; d'autres ont réalisé des dessins et peintures ; ma mère a cousu une couverture en patchwork ; nos cousins ont customisé de vieux luminaires vintage… Résultat : une chambre à l'ambiance unique, chargée d'affection, accueillante et chaleureuse, qui a permis de rassembler toute la famille autour d'un projet commun et de permettre l'échange de savoir-faire entre les uns et les autres… Une belle aventure à recommencer pour le petit troisième ! »

Chapitre 2

Bébé est là !

Bébé est arrivé, vous êtes heureux et fiers. Vous hésitez entre l'envie de vous enfermer dans votre cocon tous les trois et le besoin pressant de le présenter au monde entier pour que tous voient comme il est beau. Vous avez préparé son arrivée, la chambre est accueillante, l'armoire remplie de jolis vêtements minuscules, et vous vous sentez prêts à affronter n'importe quoi, même les nuits blanches, même les 8 couches quotidiennes.

... Huit couches ?!

Eh oui, rien que la première année, votre bébé usera pas loin de 2 500 couches à lui tout seul ! Alors, le zéro déchet avec Bébé, mission possible ou impossible ?

DES COUCHES LAVABLES... COMME AVANT ?

Quelle drôle d'idée, me direz-vous. Pourquoi s'embêter à nettoyer des couches, comme nos grands-parents, alors qu'il suffit d'en acheter toutes prêtes, de les utiliser, puis de les jeter ?

Vous avez déjà compris que la réponse est dans la question !

Pourquoi passer aux couches lavables ?

Bonnes pour mon bébé

Bien entendu, le premier gros avantage de la couche lavable, c'est qu'elle est **totalement saine pour la santé de Bébé.**

Savez-vous de quoi sont composées les couches jetables ? Malheureusement, les marques de couches ne s'étendent que peu sur le sujet ; mais on connaît déjà au moins la liste ci-dessous, et **le bilan n'est guère réjouissant, ni pour la planète, ni pour la santé de nos enfants** :

- Parfums et produits chimiques.
- Trybutil étain, étain dibutylique et étain de monobutyl selon les couches. Ces substances peuvent nuire au système immunitaire et hormonal des bébés, même en très faible quantité.
- Polyacrylate de sodium : c'est le gel super-absorbant qui retient l'urine. Il était également utilisé dans les tampons pour femmes, mais a été retiré en 1985 car il est associé au syndrome du choc toxique. C'est à cause de cette substance qu'il est recommandé de ne pas déchirer les couches jetables. En effet, son fort pouvoir absorbant rend la poudre de cette substance dangereuse en cas de contact avec les yeux ou d'inhalation...
- Chlore et dioxine : le chlore sert à blanchir les couches jetables, ce qui génère des substances toxiques comme la dioxine. L'OMS (l'Organisation mondiale de la santé) reconnaît leur caractère cancérigène à long terme.

Bien entendu, rien de tout cela dans les couches lavables, puisqu'elles sont constituées de **matières textiles bio et sans substances toxiques**. En outre, elles sont plus respirantes et permettent au corps de l'enfant de réguler naturellement sa température, contrairement aux jetables.

Bonnes pour la planète
Une couche lavable remplace environ 125 couches jetables rien que sur la première année de vie de votre enfant (calcul basé sur un stock de 20 couches lavables). Avec un poids moyen de 100 grammes (remplie), **vos 2 500 couches jetables annuelles représentent 250 kilos de déchets par an à brûler**, avec toutes les vapeurs toxiques associées. Un pack de 20 couches lavables, entre sa fabrication, son usage et son entretien, génère un impact bien moindre sur la planète.

À NOTER

Sachez que, là encore, vous pouvez les acheter d'occasion et les revendre de même par la suite – et qu'elles seront **totalement recyclables** une fois arrivées en fin de vie.

Bonnes pour mon porte-monnaie
Les couches jetables sont vendues environ 0,25 euro l'unité. À l'année, vous dépensez donc près de 625 euros. Je connais même plusieurs parents dont le budget couches annuel avoisine les 1 000 euros !

Une couche lavable avec insert (la partie en tissu absorbante) coûte environ 25 euros l'unité, mais vous pouvez trouver des packs de 20 couches lavables pour 300 euros (et même moins cher en achat d'occasion, à raison de 5 à 10 euros la couche) – pour 3 à 4 ans d'utilisation. Avec les couches lavables, vous faites des **économies dès la première année**, et vous pouvez même réutiliser vos couches pour les bébés suivants ou bien les revendre d'occasion.

Comment ça marche ?

Aujourd'hui, le marché de la couche lavable est en plein essor. Il profite de l'effet de mode des produits bio, naturels et « retour aux sources » qui le rendent attractif au-delà de ses avantages économiques et écologiques. Vous avez donc la chance de pouvoir trouver un grand choix tant au niveau des modèles que des couleurs et des matières.

Voici un petit récapitulatif des différents types de couches lavables existants sur le marché :

- Elles peuvent se trouver par taille selon le poids du bébé ou en taille unique, avec des systèmes de boutons-pressions ou de scratchs ajustables.
- Elles sont généralement composées d'une couche et d'un insert. L'insert est une bande de tissu permettant de rendre la couche plus absorbante.
- Elles peuvent être de différentes matières : Windpro (polaire respirante adaptée aux couches de nuit), PUL (tissu imperméable certifié OEKO-TEX 100, c'est-à-dire exempt de produits nocifs pour le corps ou pour l'environnement), bambou (très absorbant), coton, micropolaire ou chanvre.

À NOTER

Vous pouvez ajouter dans toutes les couches lavables un **voile biodégradable pour retenir et jeter plus facilement les selles.** S'il n'y a que de l'urine, vous pouvez même laver puis réutiliser ce voile environ 4 ou 5 fois.

Comment les utiliser ?

Le stockage est simple : il vous faut **un seau ou une poubelle avec couvercle**, et c'est tout ! Les couches lavables **se stockent « à sec »** dans un récipient, le temps d'en avoir assez pour les mettre à laver (environ 3 jours). Si vous les mettiez à tremper, vous risqueriez de faire se développer des champignons. À sec, ce risque n'existe pas ou peu, car l'urine est stérile. (Les selles sont retenues par le voile biodégradable que vous jetez, et ne touchent donc pas la couche.)

LE CONSEIL MALIN

Ajoutez dans le seau un petit coton (lavable) imbibé de **quelques gouttes d'huile essentielle de *tea tree***, qui est un antifongique puissant.

Vous pouvez laver vos couches à 40 °C avec le reste de votre linge ; les inserts iront avec le linge de maison (draps, serviettes, torchons...) à 60 °C.

Plusieurs lessives industrielles peuvent être utilisées pour les laver, **à condition qu'elles ne contiennent pas de glycérine**, qui risquerait de diminuer la capacité d'absorption de vos couches (idem avec les crèmes pour le change ; du liniment suffit largement pour les fesses de Bébé – voir p. 146). Personnellement, j'utilise ma lessive *home made* au savon de Marseille (voir p. 115). Vous pouvez ajouter 1 cuillère à soupe de bicarbonate de soude, de percarbonate de soude et/ou de cristaux de soude pour augmenter le pouvoir lavant et les conserver aussi blanches que possible, mais **évitez le vinaigre blanc**, car il risquerait d'abîmer les élastiques de vos couches lavables.

Pour le séchage, évitez le sèche-linge et préférez-lui le **séchage à l'air libre**.

LES CONSEILS MALINS

› **Pour en savoir plus sur les couches lavables :** www.maman-naturelle.com (rubrique « Couches » : « Pour vous aider à choisir : Le guide des couches lavables »).

› **Louer des couches lavables :** cela vous permet de vous familiariser avec les couches lavables et de tester les différents types de couches sans avoir à investir dès le début. Plusieurs sites vous proposent ce service, dont www.apinapi.fr, www.ecomome.fr et www.locacouche.com.

› **Pour acheter et revendre des couches lavables d'occasion :** http://labourseauxcouches.clicforum.fr. Deux marques françaises sont très appréciées et je les utilise moi-même : www.hamac-paris.fr et www.bumdiapers.fr.

› Si les couches lavables ne sont pas pour vous, vous avez également la solution des **couches jetables écologiques** : si la quantité de déchets est la même que les couches jetables classiques, les lavables ont l'avantage d'être en grande partie écologiques, avec des méthodes de production respectueuses de l'environnement, et biodégradables (cellulose, amidon de maïs, pulpe de bois issue de forêts gérées durablement, ouate 100 % biodégradable, encres végétales pour les imprimés, garanties sans chlore, parfum ou latex, et hypoallergéniques). Je vous recommande particulièrement les marques Love and Green (marque française) et ECO by Naty, disponibles en magasins bio ou sur Internet.

LES PRODUITS D'HYGIÈNE

Les soins à fournir aux bébés peuvent être nombreux, surtout les premiers mois : change, bain, yeux, nez qui coule, crâne à la peau sensible, fesses irritées – de quoi acheter toujours plus et jeter toujours plus. Comment éviter cela ?

Pour le bain

Les bébés ont la peau sensible et ne transpirent pas autant que nous. Je vous conseille donc d'espacer les bains afin de ne pas fragiliser leur peau, et parce qu'ils n'en ont pas un besoin quotidien : **un bain tous les 2 à 3 jours** est bien suffisant. Le plus important est d'offrir à votre bébé une hygiène impeccable lors des changes de couches. Pour cela, rien de bien compliqué : **un gant propre et de l'eau claire** font souvent l'affaire !

Néanmoins, que ce soit pour son corps, ses cheveux ou le change, vous pouvez y ajouter un **savon surgras**, saponifié à froid comme ceux que propose la marque Gaiia.

LES CONSEILS MALINS

Évitez le savon de Marseille, qui n'est pas assez gras et hydratant pour la peau. Pensez bien à choisir un savon sans parfum. Vous trouverez votre bonheur dans les magasins bio et boutiques Internet bio.
L'un des meilleurs savons pour bébé est le **savon de Castille**, car il est exclusivement saponifié à base d'huile d'olive de première qualité ; il est, de ce fait, particulièrement recommandé pour les peaux sensibles, notamment celle des bébés (ce dès la naissance).
Pour une démarche totalement zéro déchet, **fabriquez-le vous-même** ! C'est la recette idéale pour débuter dans la savonnerie maison, car elle se compose uniquement d'huile d'olive, de soude caustique et d'eau (pour dissoudre la soude si celle-ci est en granulés). Nous vous renvoyons à notre encadré sur la saponification à froid (voir p. 89) ; le lien Aroma-Zone qui y est donné vous fournira toutes les indications de calculs et de réalisation. Notez simplement qu'un savon de Castille se laisse sécher durant au moins 3 mois

→

avant première utilisation (sinon, il sera mou et fondra trop vite). Vous trouverez également un très bon tutoriel pas à pas à l'adresse suivante : http://www.olivwoodcreations.com/savon-de-castille.

Pour le change

Dans les grandes surfaces, vous trouvez généralement de l'eau savonneuse et parfumée pour le change ou de la crème de change. Pour ne pas utiliser ces produits peu écologiques et parfois composés de substances nocives pour la santé de votre bébé, il existe deux solutions très simples.

La première reste toujours l'**eau claire**. Pas besoin de savonner ou de parfumer pour bien nettoyer ; on ne peut pas faire plus zéro déchet !

La seconde solution est d'utiliser du **liniment**, un produit que l'on trouve en pharmacie (et depuis peu en supermarché) permettant de nettoyer et d'hydrater la peau de Bébé tout à la fois. C'est un produit **très simple à faire soi-même**, ce qui vous évite de l'acheter à prix élevé en pharmacie ou avec une composition douteuse en grandes surfaces. Pour ma part, j'en confectionne tous les mois en 5 minutes. Ce nettoyant est ce qu'on appelle un « oléo-calcaire », c'est-à-dire un mélange de deux produits basiques : de l'huile d'olive (« oléo ») et de l'eau de chaux (« calcaire »). Il se conserve pendant environ 1 mois dans un flacon en verre ou en plastique sans BPA à l'abri de la chaleur et du soleil.

MON LINIMENT MAISON EN 5 MINUTES

› Mettez à chauffer dans une grande casserole 250 ml d'huile d'olive vierge extra bio, première pression à froid.
› Une fois l'huile chaude, sortez-la du feu et ajoutez-y 250 ml d'eau de chaux (on la trouve en pharmacie).
› Mélangez l'ensemble au mixeur-plongeur jusqu'à obtenir une crème jaune clair liquide, mais un peu épaisse. Laissez refroidir, puis ajoutez une vingtaine de gouttes d'extrait de pépin de pamplemousse et mélangez (EPP, en pharmacie, magasin bio ou sur www.aroma-zone.com), qui permettra au liniment de mieux se conserver.
› Versez dans un flacon opaque (parfaitement nettoyé au préalable). Votre liniment est prêt ; secouez-le avant chaque utilisation.

DU LAVABLE POUR MON BÉBÉ

Outre les couches lavables, vous pouvez également utiliser **des cotons et des lingettes lavables** pour changer et nettoyer votre enfant. Le site Internet Les Tendances d'Emma (www.tendances-emma.fr) propose un kit de 20 cotons lavables en coton biface et 20 gants lavables de la même matière, proposés avec un filet de lavage pour éviter de les perdre dans la machine. Je m'en sers pour mes deux filles depuis plus de deux ans et ils sont toujours impeccables. Généralement, j'utilise les cotons lavables pour le change et je les mets à nettoyer avec les couches lavables. J'utilise ensuite les gants pour débarbouiller mes filles ou leur faire une toilette rapide.

Vous trouverez aussi des lingettes lavables sur le site www.brindilles.fr (dont ceux des Tendances d'Emma).

LE CONSEIL MALIN

Vous pouvez aussi les fabriquer vous-même – c'est très facile, même pour les couturiers débutants ! Tapez « tutoriel lingettes [ou cotons/gants] lavables » dans votre moteur de recherche Internet.

LES REPAS ZÉRO DÉCHET DE MON BÉBÉ

Allaitement et lait en poudre

Les recommandations de l'OMS (l'Organisation mondiale de la santé) préconisent l'allaitement exclusif jusqu'aux 6 mois de Bébé. Je ne suis pas là pour lancer le débat, ni pour faire culpabiliser les mamans qui ne souhaitent pas allaiter. J'ai moi-même allaité durant seulement 3 mois ; par manque d'informations, j'ai abandonné. Heureusement, les laits en poudre sont de nos jours de très bonne qualité, les contrôles sanitaires effectués dessus sont draconiens et vous pouvez nourrir votre bébé en toute sécurité.

Du point de vue de la réduction des déchets, il faut cependant admettre qu'il n'y a rien de plus écologique et économique que l'allaitement maternel. Vous évitez les déchets des boîtes de lait, l'achat de biberons et leur nettoyage. Sachant qu'une boîte de lait en poudre coûte environ une quinzaine d'euros et que vous en utilisez une toutes les semaines, votre budget « repas de Bébé » peut vite exploser (un millier d'euros par an !).

LE CONSEIL MALIN

Pas de pression ni de culpabilité dans le zéro déchet, rappelez-vous ! Vous ne voulez pas/ne pouvez pas allaiter ? C'est votre droit le plus absolu, et ne vous blâmez surtout pas de produire des déchets avec les boîtes de lait. Vous faites des efforts par ailleurs, et chaque geste que vous faites pour la planète est une victoire en soi.

Petits pots ou fait-maison ?

Dans le zéro déchet, on privilégie autant que possible le fait-maison. Pour éviter de générer des déchets, bien sûr, mais aussi pour connaître et maîtriser la composition exacte de ce qu'on mange. Pour Bébé, c'est pareil ! La diversification aux alentours du 6e mois lui ouvre la voie vers les plaisirs du palais. Il est important de l'accompagner lors de ces découvertes et de lui permettre de goûter des **produits sains et savoureux**.

Si vous avez le temps, vous pouvez lui préparer au jour le jour ses purées **avec les légumes bio et locaux** que vous achetez pour vous-même. Si vous travaillez, prévoyez deux heures le dimanche afin de confectionner et congeler les purées de la semaine à venir. Remplissez plusieurs pots de chaque préparation, que vous pourrez alterner dans la semaine : carottes, haricots verts, potiron, etc. Et faites de même pour les **compotes** ! La marque française www.beaba.com vous propose tout le nécessaire pour cela : cuiseur pour bébé BabyCook, des contenants en verre ou en silicone pour congeler les préparations et même des gourdes réutilisables pour les compotes.

Si vous n'avez vraiment pas le temps, vous pouvez bien entendu utiliser les petits pots industriels. Leur composition est extrêmement contrôlée. J'irai même plus loin en vous disant que vous prenez plus de risques à réaliser des petits pots maison à base de produits non bio, et donc potentiellement contaminés par des pesticides, qu'en donnant des petits pots industriels à votre enfant. De plus, il existe des **marques de petits pots bio de très bonne qualité**, comme Babybio ou Hipp.

À NOTER

Il faut savoir que la nourriture industrielle pour bébés est scrupuleusement suivie en France, d'une manière générale. Des marques comme Blédina, qui ne sont pourtant pas estampillées bio, suivent une charte rigoureuse qui interdit tout additif et limite drastiquement les apports de sel et de sucre dans leurs préparations.

Néanmoins, pour revenir à l'aspect zéro déchet, un petit pot, même en verre, reste un déchet. Essayez donc de limiter ce genre d'utilisation, et surtout **pensez bien à les recycler – ou à les conserver**, ils vous serviront toujours, soit pour y mettre vos propres purées et compotes maison, soit pour y faire des yaourts (voir p. 67), soit pour les détourner en objets déco (voir p. 44) !

LE CONSEIL MALIN

Nous vous recommandons *Mon livre de recettes pour Bébé*, de Jenny Carenco et Jean Lalau Keraly (Marabout, 2014), un excellent livre de recettes qui propose de nombreux plats depuis les premières purées et compotes jusqu'à des recettes plus élaborées et savoureuses, qui raviront toute la famille.
Un livre beau, aux photos appétissantes et aux recettes simples mais originales et savoureuses, pour développer en douceur le goût de votre enfant. Un *must* à avoir dans sa bibliothèque de cuisine.

Une vaisselle zéro déchet ?

Le choix de la vaisselle de Bébé est tout aussi important que celui de ses repas. **Évitez le plastique**, car même si le BPA (bisphénol A) a été interdit dans les biberons, il est encore employé dans d'autres objets en plastique destinés aux enfants.

Préférez la **vaisselle en bois ou en bambou**, plus saine et écologique. Vous en trouverez sur des sites Internet comme www.sans-bpa.com, ainsi que d'autres solutions de vaisselle bébé bonnes pour la planète, comme des **biberons en Inox**.

LES BONNES IDÉES DE NOS LECTEURS

› François : « Certains sites Internet ou associations proposent de vous louer des packs complets de couches lavables, adaptés à vos besoins. Ça permet de tester avant d'investir dedans, pour voir si cela nous convient vraiment, et si oui, on peut acheter directement le kit loué. »

› Sarah : « Un produit de soin encore trop peu connu, et pourtant aux vertus multiples : le lait maternel ! Je l'utilise pour soigner les irritations ou l'eczéma sur le corps de mon bébé (j'étale le lait et je laisse sécher), pour nettoyer son nez à la place du sérum physiologique, ou ses yeux, en cas de conjonctivite ou d'irritation, à raison de quelques gouttes plusieurs fois par jour. Totalement gratuit et naturel ! »

› Céline : « Le zéro déchet, c'est de l'anti-gaspillage à tous les niveaux, ainsi que de l'entraide. Je produis trop de lait maternel pour mon bébé ; alors tant qu'à faire, j'en fais don au lactarium de ma ville, ce qui permet de soigner et sauver des bébés prématurés ou malades dont les mamans ne produisent pas ou trop peu de lait. »

Chapitre 3

Et quand il grandit ?

Un bébé qui grandit, puis un enfant, est un petit adulte en devenir, mais il est aussi un futur citoyen du monde. Dans quelques années, c'est lui qui devra prendre les bonnes décisions pour sa santé et pour celle de la planète. Il est donc important de lui donner le confort et les outils nécessaires à sa bonne évolution, mais aussi de le sensibiliser au plus tôt aux questions environnementales.

Mais attention, pas de sermons, pas de culpabilisation ! Préférez des jeux, de la bienveillance et la découverte des belles choses qui nous entourent. Cela tombe bien, car plus Bébé grandit, plus on a envie de lui acheter des jouets et de faire des sorties avec lui ; autant de pièges « déchets » à détourner en alternatives écologiques, autant que faire se peut.

DES JOUETS ZÉRO DÉCHET, C'EST POSSIBLE ?

Oublions tout de suite les jouets bruyants en plastique, rapidement remisés dans un coin par l'enfant lassé ou carrément planqués par les parents exaspérés.

Oublions également les grands magasins de jouets où vous achetez une poupée 40 euros, empaquetée dans un tas d'emballages polluants, alors qu'en **occasion**, vous trouverez la même poupée en très bon état pour 10 euros, garantie sans déchets !

Vous pouvez aussi opter pour des **marques de jouets éco-engagées** :

- Sur www.brindilles.fr, vous trouverez des doudous et peluches bio, mais aussi de nombreux jouets d'éveil en bois : celui-ci est issu de forêts gérées durablement ou locales et il est non traité, les peintures et colles ne contiennent aucune substance toxique, les pièces métalliques sont exemptes de nickel, etc.
- Du côté des jouets en tissu (cubes d'activités, balles de préhension, peluches...), même engagement : on les trouve en laine pure ou coton bio et les encres respectent la certification GOTS (la fibre brute est certifiée provenant d'agriculture biologique et le processus de transformation respecte des critères stricts environnementaux et sociaux).
- Idem pour les enfants plus âgés : le site Brindilles (et d'autres comme www.jouet-au-naturel.com) regorgent de jouets et jeux (jeux de construction, d'imitation, de plein air, de société, puzzles, livres...) écologiques.

LE CONSEIL MALIN

Comme pour tout dans la maison, le mieux, c'est d'acheter d'occasion pour donner une seconde vie aux objets et limiter ses déchets tout en faisant des économies. Le site Internet www.leboncoin.fr et les vide-greniers (surtout les « bourses aux jouets » - voir p. 131) restent les meilleures pistes pour cela.

Optez pour la bonne composition

Essayez de choisir des **jouets en bois** plutôt qu'en plastique. Comme expliqué pour la vaisselle, le BPA (bisphénol A), interdit dans les biberons, ne l'est pas encore pour les jouets. Malheureusement, les enfants, surtout en bas âge, ont très souvent tendance à porter leurs jouets à la bouche. **La composition de ces jouets n'est donc pas sans conséquence sur leur santé.**

Plusieurs marques de jouets françaises proposent des produits de très bonne qualité et accessibles, comme Janod, Vilac, Jeujura, Petitcollin ou Bioviva. D'autres marques sont également de très bonne qualité et proposent des contenus en bois ou autour de la nature, comme Hape ou HABA.

LE CONSEIL MALIN

Choisissez dans la mesure du possible des jouets en bois, issus de forêts gérées durablement ou locales, ou en tissu certifié (OEKO-TEX, GOTS), composés d'encres végétales ou certifiées non nocives.

CADEAUX IMMATÉRIELS, CADEAUX INTEMPORELS

Si les adultes se font moins, voire plus du tout de cadeaux matériels aux diverses fêtes qui ponctuent l'année, en revanche, on se rattrape très largement sur les enfants de la famille : à chaque anniversaire, chaque Noël, c'est une montagne de cadeaux qui les attend, avec son pesant d'emballages non recyclables, de plastique, de composants électroniques, des cadeaux qui leur font certainement plaisir sur l'instant et pour quelque temps, mais dont ils ne garderont pas forcément souvenir en grandissant. Et plus les paquets sont nombreux, plus les enfants passent rapidement de l'un à l'autre sans vraiment s'y intéresser.

Pourquoi ne pas leur proposer, pour changer, des cadeaux... immatériels ? **Du temps, des moments, des instants qui ne coûtent pas beaucoup, génèrent moins ou peu de déchets, mais qu'ils conserveront comme de beaux souvenirs de leur enfance ?**

Votre seule limite n'est plus tant votre portefeuille que votre imagination ! Un après-midi ou même tout un week-end en tête à tête avec Papa ou Maman, un pique-nique que vous organisez avec ses copains, une pyjama-party à la maison, une soirée jeux de société pour veiller tard, une grande journée géocache en famille (des caches à trouver au moyen d'indices et de coordonnées GPS disséminées un peu partout dans le monde – 3 millions de caches répertoriées en 2017 dans plus de 180 pays, dont de nombreuses en France ; plus d'informations sur www.geocaching.com)...

Le site www.ecokado.fr vous propose une sélection d'idées de cadeaux immatériels ainsi que des pistes pour étendre la démarche dans votre entourage.

LE CONSEIL MALIN

Distribuez des « Bons pour... » ! Par exemple, plutôt que de remplir le calendrier de l'Avent de jouets en plastique et de bonbons du supermarché emballés un à un, garnissez-le de biscuits de Noël faits maison (et même faits en famille !) et de divers papiers joliment décorés où vous proposez du temps spécial avec vos enfants ou leur autorisez ce qu'ils n'ont pas ou rarement le droit de faire habituellement : bon pour un long câlin, pour un plateau-télé en famille, pour camper à la belle étoile, pour un après-midi à la ludothèque tous ensemble, pour choisir eux-mêmes leur repas comme au restaurant, pour faire les fous, pour construire une cabane géante dans la chambre... Les possibilités sont illimitées, et les souvenirs aussi !

JOUER SANS JOUETS... ET SANS DÉCHETS !

Oublions les chambres pleines à craquer de jouets dont on ne sait plus quoi faire. Laissons les enfants **jouer avec peu, mais bien**. Laissons la place à leur **imagination**. Ne les submergeons pas de « prêts-à-jouer » sonores, encombrants, avec mille fonctionnalités qui montrent l'image de ceci ou imitent cela, qui marchent, parlent, bougent tout seuls. Les enfants ont toutes les aptitudes pour imiter, imaginer, bruiter, faire se mouvoir en imaginant leur propre monde, sans qu'on ait besoin de le leur souffler, au risque de brider ou influencer leur liberté.

Donnez à vos enfants le champ libre pour s'ennuyer : vous verrez qu'avec peu de choses (deux bouts de bois, les coussins du canapé, le rouleau terminé de l'essuie-tout que vous ne rachèterez plus), ils inventeront un univers entier de pirates ou de Peter Pan dans lequel ils s'évaderont de longues heures, avant de créer un nouveau monde complètement différent !

Privilégiez les **jeux simples**. Les enfants apprennent énormément par le mimétisme. Ils adorent faire comme Papa et Maman.

LE CONSEIL MALIN

Profitez de cette capacité d'imitation, surtout quand ils sont jeunes, et apprenez-leur le jeu du « je pars à la chasse aux déchets pendant la promenade » ou de « quel déchet va dans quelle poubelle ».

Lorsqu'ils sont un peu plus grands, **n'hésitez pas à les faire participer aux tâches ménagères** : éplucher les légumes, faire la cuisine, arroser les plantes, bricoler ou peindre. Pour vous, cela peut s'apparenter à des corvées, mais pour eux, c'est une grande fierté de vous aider, de participer à la « maison », de réussir des choses « de grands », et c'est par là même l'occasion pour eux d'apprendre la vie.

Les sensibiliser pour demain

La sensibilisation des enfants à l'écologie commence par leur **sensibilisation à la nature qui les environne**. Si vous voulez qu'ils respectent la planète, il faut d'abord qu'ils la comprennent, qu'ils l'observent, qu'ils l'apprivoisent, qu'ils l'aiment. Et pour cela, rien de bien sorcier : qu'ils soient au contact d'elle, autant que possible !

Faites des promenades autant que faire se peut. Jusqu'à un certain âge, la simple évocation d'une sortie les fera toujours bondir de joie : profitez-en et **donnez-leur très tôt le goût d'aller dans la nature et de s'y sentir bien**. À la plage, au parc, en forêt, à la campagne, sous n'importe quel prétexte et dès que la météo le permet (même sous la pluie, la neige, le vent – du moment que vous êtes tous bien couverts et qu'il n'y a pas de danger, voilà de quoi les émerveiller au contact de la nature et de ses multiples visages), sortez, en duo ou toute la famille réunie, respirez le grand air, observez (les insectes, les oiseaux, le soleil, les nuages, les saisons, les fleurs, les arbres...), récoltez ce que la nature vous donne le droit de récolter, apprenez-leur à éveiller leurs cinq sens à son contact. **Plus vous leur donnerez le goût de la nature, plus ils auront à cœur de la respecter ensuite.** (Sans compter que vous tenez là des heures de jeu et d'occupation garanties sans déchet !)

LE CONSEIL MALIN

N'hésitez pas à en profiter pour les sensibiliser à l'écologie, même tout jeunes (s'ils n'en ont pas toujours l'air, ils retiennent et comprennent beaucoup de choses) : pourquoi faut-il la protéger, que faire pour la protéger.

Quand ils seront plus grands, s'ils ont pris tôt l'habitude de passer du temps dans la nature, soyez certain qu'ils y reviendront toujours avec bonheur.

Jouer avec et pour la nature

Une infinité de jeux sont imaginables en rapport avec et dans la nature, mais nous vous proposons ici deux activités très simples, que vos enfants pratiquent déjà sans que vous le sachiez, mais que vous pouvez vous-même leur proposer et auxquelles vous pouvez vous joindre pour donner l'exemple (vous y trouverez vous-même un **grand plaisir** et un **bien-être réel**).

L'espace créatif selon Reggio

La pédagogie Reggio est une philosophie et pratique éducative selon laquelle, entre autres, l'enfant apprend par lui-même via l'exploration et l'expérimentation. Le but est de créer des « espaces » favorables à ces expérimentations. Dans cet esprit, vous pouvez réaliser un **espace créatif pour votre enfant.**

① Commencez par **récolter, en promenade avec lui, de quoi créer.** Tout peut être utilisé, laissez libre cours à votre imagination (et à la sienne !) : cailloux, glands, bogues, feuilles, fleurs (si on a le droit de les cueillir), bâtons, coquillages, galets, verre poli, coquilles d'escargots vides, plumes... le champ est très vaste ! Ramassez absolument tout ce qui vous plaît.

② À la maison, **triez ces trouvailles** (encore une activité d'apprentissage à faire ensemble) et **disposez-les dans de beaux contenants**, de préférence en matériaux naturels : bols en bambou, bocaux en verre, vide-poches en tissu, coupelles en céramique, en terre cuite ou en verre, paniers en osier, etc. Le but est de **présenter les choses joliment** dans des matières **attirantes et stimulantes** pour l'enfant.

③ Puis, **installez votre espace créatif** : sur une table accessible, en intérieur ou dehors par beau temps et sans vent, sur une surface plane et stable, à hauteur d'enfant, délimitez un grand espace, à l'aide d'une nappe, d'une natte, etc. Placez les contenants avec vos trésors tout autour, **d'une manière qui vous donnerait envie à vous-même de venir créer**.

LE CONSEIL MALIN

Pour susciter sa curiosité et éventuellement l'inspirer, vous pouvez ajouter des éléments de création et d'association supplémentaires : une coupelle avec de l'eau, un vase avec des fleurs, des miroirs, une création que vous aurez faite vous-même ; quoi que ce soit qui vous inspire et qui pourrait l'inspirer, l'interpeller, piquer sa curiosité, lui faire découvrir quelque chose (la symétrie et le reflet avec les miroirs, par exemple).

④ Et puis... c'est tout. **Ne faites plus rien.** Ne l'appelez pas, ne lui demandez pas de venir voir, ne l'obligez pas à s'y intéresser sous prétexte que vous avez préparé tout cela pour lui. Allez vaquer à vos occupations – ou jouez-y vous-même. Laissez-le passer devant à l'occasion, s'étonner de cette nouvelle disposition qui n'était pas là avant, s'approcher... et **faire absolument ce qu'il en veut**. Vous lui donnez les moyens de laisser libre cours à son imagination et l'espace pour le faire. Il y viendra, à sa manière, au moment voulu et à son rythme.

Vous verrez le plaisir qu'il prend à toucher, disposer, associer vos trouvailles de la nature. À observer leur texture, leurs couleurs, leur transparence ou leur opacité, leur épaisseur, leur moelleux ou leur dureté, leur poids (la plume se pose sur le caillou mais le caillou écrase la plume). À combiner le reflet, la lumière, l'eau, la couleur.

Les fois suivantes, **changez le lieu** (un miroir posé dans l'herbe par beau temps, dans lequel il observera le ciel... comme s'il y était), **les éléments créatifs** (des billes de verre plates, du sable, de la mousse, des fougères, du papier, de l'aquarelle, des boutons à coudre de toutes formes, du fil, des chutes de tissu, du papier de soie de diverses couleurs, des rubans...), **l'espace créatif** (un beau tapis par terre, une large planche de bois, une toile, une table lumineuse), etc. Associez-y, parfois, des **jouets en bois** dont le volume et la matière attirent toujours les enfants : un arc-en-ciel, des bonshommes, des petits animaux, des formes géométriques (la combinaison Attrimaths – pièces géométriques en bois peint dont tous les côtés sont de la même longueur, ce qui permet de les associer entre elles – et miroirs fonctionne merveilleusement bien, avec les pièces qui se reflètent à l'infini et par symétrie dans les miroirs, si vous en placez deux en regard l'un de l'autre)...

Des heures et des heures de jeu, d'imagination et de création en perspective, tout cela **sans produire de déchets** et **en sensibilisant les enfants à la nature par son contact et son observation** !

LES CONSEILS MALINS

› Pour dénicher des contenants, des coupelles, des bocaux, des miroirs, des paniers, des napperons, des boutons à coudre, etc., à tout petits prix et dans une démarche pleinement zéro déchet, allez chiner chez **Emmaüs** : vous trouverez votre bonheur tout en donnant une seconde vie aux objets. Soyez imaginatif : tout peut être matière à création et à découverte !

› Pour vous équiper en jouets en bois de très bonne qualité, je vous conseille la marque **Grimm's**, une référence en matière de jouets d'imagination écologiques. Leur arc-en-ciel (12 demi-cercles en bois aux couleurs vives) est particulièrement réputé (et beau !) et permet une infinité de jeux, de constructions et d'associations (posé sur un miroir, c'est particulièrement surprenant), mais ils proposent aussi des figurines en bois, des perles, des puzzles étonnants aux formes atypiques (comme

→

des mandalas), des disques de couleur, des encastrements biscornus... Les prix sont élevés, mais leurs produits sont totalement écologiques, très solides, sans danger pour les petits et dureront longtemps ; ou bien vous pourrez les revendre à bon prix si besoin. Encore une marque en faveur du zéro déchet ! Vous la trouverez dans les boutiques en ligne www.brindilles.fr et www.mamoulia.fr, entre autres.

Le land art

Vous en avez peut-être déjà entendu parler, et dans tous les cas vos enfants y ont forcément déjà joué, d'une certaine manière : il s'agit de **« dessiner »... dans la nature et avec la nature** !

Le grand avantage de cette activité est qu'elle séduit petits et grands, et peut vraiment être **partagée par toute la famille**.

À l'occasion d'une promenade, décidez ensemble d'un lieu créatif, qui sera votre « feuille blanche » : c'est l'endroit où vous allez créer. Un coin de plage, un rocher plat, la terre, un bout d'herbe rase, des graviers... Puis, tout simplement, partez à la recherche de tout ce qui peut vous permettre de créer et « dessiner » – par exemple des cailloux, des feuilles mortes, des bouts de bois, de la terre d'une autre couleur, des herbes, des pommes de pin, des fruits tombés... Là encore, laissez le champ libre à votre imagination et à celle de vos enfants ! Il n'y a qu'une règle : **liberté**, et aucune limite, hormis celle de **respecter la nature** (ne pas casser des branches ou cueillir des fleurs rares, par exemple).

Vous pouvez dessiner ce que bon vous semble, réaliser un mandala, entourer les racines d'un arbre, recouvrir un rocher de couleurs, reproduire un arc-en-ciel... tout est possible ! Je vous invite à taper « land art » dans votre moteur de recherche Internet et à regarder les images qu'il vous propose : vous allez en prendre plein les yeux !

Cette activité permet, elle aussi, de **jouer sans produire aucun déchet** tout en **sensibilisant petits et grands à la beauté de la nature et à la nécessité de la respecter.**

QUELQUES IDÉES D'ACTIVITÉS ZÉRO DÉCHET AUTOUR DE LA NATURE

Si vous manquez d'inspiration, voici quelques autres idées d'activités sur le thème de la nature :

› Réaliser un herbier au fil des promenades – on peut également proposer à l'enfant de reproduire les fleurs ou feuilles récoltées avec des peintures naturelles faites maison ensemble (à base de curry, de jus de betterave, de myrtilles, de paprika, etc.).

› Construire un hôtel à insectes ou un nichoir à oiseaux.

› Empiler des cailloux au bord de l'eau, pour développer la motricité des plus jeunes et aider les plus grands à faire une pause méditative.

› Dessiner à la craie dans la nature, sur les pistes vertes, dans le jardin.

› Fabriquer des carillons ou attrape-rêves *home made* avec les trésors glanés au fil des promenades (coquillages, bois flotté, plumes, glands, pommes de pin, etc.).

› Réaliser un reportage en famille (filmé ou sur papier) sur la nature, les animaux et leur préservation.

› Jardiner ensemble, notamment en permaculture (voir p. 217), et faire pousser des légumes et aromates pour cuisiner en famille (quand les enfants participent activement à l'élaboration des repas, ils sont naturellement plus enclins à goûter et à apprécier le contenu de leur assiette – et à ne pas gaspiller les fruits de leur labeur !).

› Repérer des « coins à... » dans la nature (coin à cerises, mûres, pommes, noisettes, etc.) et partir en famille, chacun son panier, pour un après-midi promenade/récolte.

→

> › Chercher des géocaches (voir p. 156) autour de chez soi, dans sa région ou en vacances : outre le plaisir de la « chasse au trésor », cette activité très amusante pour les plus jeunes comme les plus grands permet de découvrir des points de vue, lieux et paysages parfois peu connus du grand public, et pourtant dignes d'intérêt par leur beauté ou leur grande richesse naturelle.
> Vous pouvez aussi prendre un abonnement au magazine *Salamandre* qui propose à ses lecteurs de découvrir la beauté de la nature et la vie surprenante des animaux et des plantes de nos régions. Trois types d'abonnements sont possibles, pour satisfaire la curiosité de toute la famille : *Salamandre* pour les adultes, *Salamandre Junior* pour les 8-12 ans et *Petite Salamandre* pour les 4-7 ans. Plus d'informations sur : **www.salamandre.net**.

Pour terminer, n'oubliez pas que vos enfants sont les citoyens de demain. Nous avons tous la responsabilité essentielle d'en faire des adultes heureux grâce à une éducation bienveillante qui les rendra bienveillants en retour, des adultes sensibles à la planète et à sa préservation parce qu'ils auront été, très tôt, habitués à son contact, et des adultes responsables qui connaissent leur valeur et celle du monde qui les entoure. Si vous vous sentez parfois inutile et sans ressources pour changer le monde dans lequel vous vivez, dites-vous bien que si vous donnez les bases solides de l'écologie à vos enfants, **vous êtes déjà en train de changer le futur**.

ON VA SE PROMENER ?

Les sorties avec les enfants sont des **moments de partage et de découverte** très importants. C'est l'occasion idéale pour leur expliquer en quoi il est primordial de préserver la nature. Pour rester en adéquation avec ces valeurs écologiques, **préparez judicieusement chaque sortie afin d'éviter d'ajouter vos propres déchets à l'extérieur**, qui n'en a vraiment pas besoin.

Un goûter zéro déchet

Lorsque vous sortez avec un enfant, il faut toujours prévoir de quoi manger et boire. Pour éviter une dépense inutile et génératrice de déchets, **emportez toujours un en-cas et une boisson.**

Pour la boisson, un **Thermos** ou une **gourde** seront très utiles. Les marques françaises Qwetch (www.qwetch.com) et Gaspajoe (www.gaspajoe.fr) proposent des gourdes en Inox, de très bonne qualité, saines et de tailles différentes pour toute la famille.

Pour le goûter, un fruit, une part de gâteau maison (voir p. 65) ou une tartine avec un morceau de chocolat rangés dans un petit Tupperware, c'est l'idéal. Vous pouvez également surfer sur la tendance des gourdes de compote que les enfants adorent et proposer votre version « zéro waste » : pour cela, préparez à l'avance de la compote et remplissez une ou deux **gourdes réutilisables.**

Les gourdes Squiz, par exemple, permettent une cinquantaine d'utilisations et passent au lave-vaisselle.

Vous trouverez gourdes pour boire, gourdes de compotes, Thermos et autres accessoires bio pour les pique-niques et les promenades sur www.brindilles.fr, www.sans-bpa.com ou en magasin bio.

Soyez prévoyant !

Lorsque vous organisez une sortie, pensez toujours à l'avance aux objets dont vous risquez d'avoir besoin, **afin d'éviter d'avoir à les acheter sur le moment.**

Personnellement, voici ce que j'emporte toujours avec moi, au cas où : un **sac de courses pliable**, des **mouchoirs en tissu** et un **sac de récupération** me permettant de ne pas avoir à jeter mes déchets n'importe où, surtout s'il n'est pas possible de faire le tri sur place.

Finalement, le zéro déchet, ce n'est jamais que de l'organisation et de l'anticipation, qui deviennent rapidement des réflexes naturels.

DES LIVRES POUR LES SENSIBILISER

Les enfants, dès le plus jeune âge, apprécient les livres, qu'on les leur lise ou qu'ils les parcourent seuls. Que vos enfants soient tout petits ou plus grands, la lecture est un très bon biais pour les habituer doucement aux questions écologiques.

→

Quelques suggestions :

› **Dès 3 ans :**

– *Les déchets et le recyclage*, de Stéphanie Turnbull et Christyan Fox (Usborne, 2006) : tout sur le ramassage des ordures, le tri sélectif et le recyclage.

– *Gare au gaspi !*, d'Estelle Meens et de Geneviève Rousseau (Mijade, 2012) : à l'école, la maîtresse a expliqué quelles solutions mettre en pratique pour sauver la planète, mais en rentrant chez lui, Philémon veut sauver la planète à sa manière… Un petit album drôle pour sensibiliser les plus jeunes à l'écologie tout en s'amusant !

– *Dix choses à faire pour protéger ma planète*, de Melanie Walsh (Gallimard Jeunesse, 2008) : un livre pour expliquer aux plus jeunes comment préserver l'environnement par des gestes simples du quotidien.

› **Dès 6 ans :**

– *Lili veut protéger la nature*, de Dominique de Saint-Mars et Serge Bloch (Calligram, 2004) : dans la collection des « Max et Lili », celui-ci aborde la préservation de la planète par le biais de Lili, qui essaye de mettre en œuvre des solutions à sa petite échelle.

– *L'écologie*, de Stéphanie Ledu (« Mes p'tites questions », Milan, 2001) : une bonne trentaine de pages pleines de questions que se posent les enfants au sujet de l'écologie et de la planète, et leurs réponses illustrées.

– *Le livre de la récup'*, de S. Blondeau, D. Cauquetoux et F. Fittes (Fleurus, 2013) : plus de 150 bricolages pour les 6-12 ans à partir de matériaux de récupération !

› **7 ans et plus :**

– *Les zenfants presque zéro déchet*, de Jérémie Pichon et Bénédicte Moret (Thierry Souccar, 2016) : plein d'astuces et d'explications sur le zéro déchet mises en images dans de petites BD humoristiques !

– *Demain : les aventures de Léa, Lou et Pablo à la recherche d'un monde meilleur*, de Cyril Dion (Actes Sud junior, 2015) :

→

dans la continuité de l'excellent documentaire *Demain* (voir p. 199), un livre-CD qui reprend les bases du film et les approfondit en suivant les trois jeunes héros à la rencontre des gens qui changent le monde aujourd'hui.
– *23 trucs trop rigolos à faire pour devenir un éco-héros*, d'Isabel Thomas (Rustica éditions, 2016) : 23 activités pour les adolescents afin de contribuer à préserver la planète (planter un arbre, recycler ses vêtements, créer un hôtel à insectes, etc.).

LES BONNES IDÉES DE NOS LECTEURS

❯ Sophie : « On offre essentiellement à nos enfants des jouets d'occasion, qui ont appartenu à d'autres enfants avant eux ; sinon, plutôt que les cadeaux matériels, on favorise beaucoup les moments en famille et les sorties (ciné, journée au parc, pique-nique…). »
❯ Sébastien : « Les jouets de nos enfants ne sont pas tous à disposition en même temps. Une partie l'est, et l'autre est rangée dans un placard. Tous les deux mois, on ressort les jeux rangés, et on remise les autres. Nos enfants les redécouvrent comme s'ils étaient nouveaux et en éprouvent le même plaisir, sans avoir rien acheté de plus. »
❯ Marjolaine : « Avec mes amis, nous apprécions les mêmes marques de jouets pour nos enfants. Alors plutôt que d'acheter chacun le même jouet (donc autant de déchets et de transport de marchandises), nous achetons… un seul exemplaire pour tous. Et chacun de nos enfants le garde à tour de rôle, pendant une certaine période. Cela leur donne à tous l'impression d'avoir un jouet neuf, alors que nous avons payé tous ensemble un seul jouet. Ils apprennent ainsi le partage, et nous, nous réduisons l'impact environnemental de nos achats. »

3

ZÉRO DÉCHET EN COMMUNAUTÉ

Derrière le mouvement du zéro déchet, il y a également et même avant tout une philosophie. Le partage, les échanges, la communication et la bienveillance au sein de la communauté sont des valeurs primordiales et fondamentales, qui devraient être les mêmes dans tous nos rapports humains car, lorsque je parle de communauté, je ne fais pas spécifiquement référence à la communauté zéro déchet, mais à toutes les communautés qui nous entourent : famille, amis, voisins, collègues...

Le zéro déchet ne se limite pas à la seule sphère de la maison, mais peut s'étendre partout autour de vous par le partage. Non seulement vous pourriez donner l'exemple et servir d'inspiration pour les autres, mais cette philosophie de vie va très certainement vous permettre des échanges nouveaux avec ceux qui font partie de votre vie quotidienne.

Chapitre 1
En famille

Le premier cercle de proches au sein duquel le zéro déchet va resserrer ou nourrir les liens, c'est votre famille. Peut-être sont-ils au courant de votre démarche écologique ; peut-être la comprennent-ils, ou pas ; peut-être aimeraient-ils en savoir plus.

Dans tous les cas, le zéro déchet va au-delà du seul espace de votre maison. Il s'applique dans tous les domaines de la vie, à tout instant et en toute circonstance – sans pression aucune, rappelez-vous ! –, et le cercle familial est une bonne occasion pour prolonger votre démarche tout en y sensibilisant vos proches, et sinon enrichir vos liens par le partage.

RENOUER LES LIENS PERDUS

Que vous soyez proche ou non de votre famille, que vous habitiez dans le même quartier ou à 800 km, le constat est le même : **notre société de consommation ne facilite pas la transmission intergénérationnelle.** Tout nous pousse à aller vers le plus simple et le plus rapide : plats cuisinés, fruits et légumes déjà épluchés (sous plastique !), kits à tout faire tout prêts ; tout s'achète du moment que nous en avons le moins à faire, tout en remplissant insidieusement nos poubelles.

Le fait-maison, la couture, le jardinage, le bricolage étaient il n'y a pas si longtemps des activités « ringardes ». Heureusement, les temps changent et le *home made* reprend ses lettres de noblesse. Toutes ces activités sont non seulement **plus économiques**, mais **limitent surtout grandement la production de déchets**... et quelle fierté que de réaliser quelque chose soi-même et de s'affranchir de la surproduction industrielle !

Et si, en plus, cela vous rapprochait des vôtres ?

Alors si, comme moi, vous n'avez pas appris à cuisiner, par manque de temps, et qu'Internet n'est vraiment pas votre ami pour comprendre comment monter une mayonnaise, n'hésitez plus à **demander des conseils, de l'aide, des astuces** à vos parents, grands-parents, oncles, tantes, cousins, pour concevoir un dîner (plutôt que d'acheter des plats tout prêts), réparer votre vélo (plutôt que de le jeter), reprendre le trou d'un pantalon (et lui donner une seconde vie), vous lancer dans la culture potagère, même si vous n'avez qu'un petit balcon, pour des légumes bons, 100 % bio et pas chers. Chacun et chacune a quelque chose à vous apprendre, et vous avez sûrement des choses à leur apprendre vous aussi.

Vous avez en tout cas toutes et tous des choses à **partager** ensemble ; prenez l'initiative, **transmettez, échangez** !

DES FÊTES DE FAMILLE ZÉRO DÉCHET ?

Anniversaire, Noël, mariage, baptême, nouveau travail, diplôme du petit cousin ou simple repas du dimanche ; ces fêtes de famille sont le moment idéal pour sensibiliser votre entourage au zéro déchet, soit en en parlant, soit très simplement **en montrant l'exemple** ! Sans moralisation, sans forcément même de débat (bien que les débats fassent avancer les choses parfois plus rapidement), mais avec simplicité et **dans la bonne humeur**.

Donnez l'exemple !

Vous recevez

Quelques petits conseils pour recevoir vos proches façon zéro déchet :

- Proposez un **apéro fait maison** plutôt que d'acheter du prêt-à-manger/prêt-à-jeter du supermarché – voir p. 188 nos recettes et astuces pour un apéro *home made* qui ravira vos invités !
- Misez sur de la **vaisselle durable** ou, si vous recevez trop de monde, de la **vaisselle jetable 100 % recyclable.** De nombreux sites Internet en proposent, comme www.ecolomique.com ou www.lsbio.fr, fabriquée à partir de résidus de canne à sucre, feuilles de palmier tombées à terre, carton bio, bois de bouleau issu de forêts gérées durablement, amidon de maïs et de pomme de terre, etc. Totalement recyclable ou compostable, donc !
- Pour le repas, **faites vous-même la cuisine** en vous aidant de l'excellent site www.marmiton.org. Ou, encore plus convivial, **demandez à vos convives d'amener chacun un petit quelque chose fait maison** (apéro, tarte, quiche, cake, pizza, salade de crudités ou de fruits, gâteau sucré, muffins, ou bien smoothie, jus de fruits ou de légumes, etc.) ! Un bon moyen de les sensibiliser en douceur au zéro déchet tout en partageant dans la bonne humeur.

Si vous organisez une petite fête, optez là aussi pour une **déco zéro déchet**, par exemple :

- Réalisez vos propres **guirlandes** (en utilisant des feuilles déjà imprimées dont vous conservez toujours un stock, en détournant les motifs des sacs plastique de vos courses, en découpant des emballages ou boîtes d'œufs que vous peignez, etc.) et faites participer vos enfants, ils seront ravis d'être mis à contribution !
- Confectionnez des **photophores** (voir p. 44).
- Demandez à votre oncle de vous coudre une jolie **nappe patchwork** à base de **chutes de tissu** ou de **vieux vêtements** de la famille.
- Partez vous balader en famille et **glanez des trésors** (branchettes d'arbre tombées, feuilles mortes, fleurs des champs, pommes de pin, mousse, etc.) pour réaliser un beau **centre de table** ou des **guirlandes 0 % déchet/ 100 % nature**.
- Fabriquez des **lampions à partir de vos boîtes de conserve** (comme ça, vous évitez de les jeter !) : laissez-les tremper dans de l'eau chaude pour ôter l'étiquette, puis percez-les de petits trous, en forme de dessin ou de manière aléatoire, pour laisser passer la lumière d'une guirlande LED.
- Réalisez de jolis **vases en récupérant des bocaux en verre** que vous badigeonnez de colle, puis que vous roulez dans du gros sel (variante : colorez le sel avant de le poser, avec des colorants bio, de la peinture végétale ou ce que vous trouvez dans votre cuisine – curry, jus de betterave, huile d'olive, grenade, etc.), avant d'y disposer un joli bouquet de fleurs communes cueillies dans la nature...

Laissez parler votre imagination ; tout est possible, pour une déco garantie zéro déchet mais pleine de charme !

Vous êtes invité

Au lieu d'acheter un bouquet ou d'apporter un cadeau inutile entouré d'emballage, amenez une **tarte faite maison** (dans un plat récupérable) ou un **bouquet de fruits et de légumes composé par vos soins** (original et compostable !) – et si en plus ils proviennent de votre potager, succès assuré !

Il existe de nombreux moyens de faire plaisir autrement que par la surconsommation : un petit **cadeau fait maison** (un pot de confiture, des muffins, un bougeoir *home made*…) ou un **cadeau immatériel** (voir p. 183).

Vous pouvez aussi, très simplement, proposer de venir plus tôt et d'**aider vos hôtes** à préparer le repas, décorer les lieux, ou rester pour débarrasser ou faire la vaisselle.

De même que vous n'aimeriez pas que l'on ramène des déchets chez vous, essayez toujours de **limiter ou, mieux, de supprimer les déchets que vous ramenez chez les autres.** Encore une façon de sensibiliser vos proches, en douceur, par l'exemple !

DES CADEAUX QUI ÉLOIGNENT LES DÉCHETS ET RAPPROCHENT LES GENS

Qu'ils soient à offrir ou à recevoir, les cadeaux font toujours plaisir. Mais qui n'a jamais reçu un cadeau inutile dont il n'a que faire, ou deux fois le même objet ? Ou bien peut-être avez-vous été pris de court par manque d'inspiration et avez-vous acheté à la dernière minute le premier gadget qui vous tombait sous la main… Pas très zéro déchet, tout ça.

Quand on pense « cadeaux », on pense spontanément « achats » ; mais il existe d'autres manières de faire plaisir, meilleures pour la planète, qui, en faisant primer **le don et le partage** plutôt que la dépense et la consommation, vont très certainement **resserrer les liens** avec vos proches.

Recevoir des cadeaux

La solution pour limiter autant que possible les achats inutiles est toute trouvée : la liste !

Que ce soit pour Noël, votre anniversaire, l'anniversaire de vos enfants, leur naissance, votre mariage, etc., vous pouvez transmettre à vos proches une **liste de ce dont vous avez besoin ou envie**, afin d'éviter les achats en double et/ou inutiles. Vous êtes sûr de recevoir ce que vous voulez et les gens n'ont pas besoin de se creuser la tête pour trouver ce qui vous fera plaisir : tout le monde est gagnant.

LE CONSEIL MALIN

Pour faciliter la tâche de vos proches, veillez bien à proposer des prix accessibles à toutes les bourses, et quelques plus gros cadeaux dans le cas où plusieurs personnes voudraient se réunir pour vous en offrir un.

Les gens vous seront reconnaissants de les aider ; en échange, demandez-leur de faire la même chose quand c'est leur tour. Souvent, ils n'osent pas, ils trouvent cela déplacé de demander noir sur blanc ce que l'on veut vraiment. Moi, ce que je trouve déplacé, c'est de revendre les cadeaux dont on ne veut pas 24 heures après sur Le Bon Coin !

Offrir des cadeaux

Si vos proches ne souhaitent pas dresser la liste de ce qui leur plairait, soit qu'ils n'osent pas, soit qu'ils valorisent la surprise et l'intention du cœur, voici quelques idées de **présents *home made* zéro déchet** qui les toucheront très certainement et leur feront plaisir à coup sûr !

- Un « **pot SOS** » : c'est un bocal que l'on remplit avec les ingrédients non périssables d'une recette (cookies, sablés, quatre-quarts, etc.). On l'assortit d'un mode d'emploi joliment écrit, sur une belle étiquette faite maison, dans lequel on explique la marche à suivre (ajouter les ingrédients manquants – beurre, lait, œufs, etc. –, puis cuire selon les instructions). Cela permet à la personne de réaliser facilement et rapidement la recette en question dès que l'envie lui prend. Avec un bocal décoré maison, c'est encore plus joli !
- Un **produit cosméto maison** : shampoing solide, « crème de jour » pour le visage, déo nature, savon pour le corps (voir toutes nos recettes p. 87), mais aussi huile de barbe pour ces messieurs, beurre corporel, baume à lèvres, barre de massage... Le site www.aroma-zone.com propose une rubrique « Recettes » dans laquelle vous trouverez mille et un produits à confectionner maison, 100 % écologiques et totalement zéro déchet, classés par coût des matières premières et par niveau de difficulté.

- Un **produit ménager naturel**, pour les sensibiliser, leur permettre de tester par eux-mêmes et éventuellement les convertir ! Lessive, produit vaisselle solide, nettoyant multi-usage, désodorisant ; là encore, le choix est vaste (retrouvez nos recettes p. 114, mais le site Aroma-Zone propose aussi des recettes pour la maison) : jouez à l'apprenti chimiste et faites plaisir tout en transmettant vos connaissances.
- Un **pot-pourri *home made*** à base d'écorces d'agrumes, clous de girofle, épices, pétales de fleurs, bâtons de cannelle, vanille, gingembre, cardamome, pin, quelques gouttes d'huiles essentielles, etc. : c'est encore l'occasion de faire une belle promenade en famille pour récolter les éléments de votre pot-pourri, que vous mettrez ensuite à sécher sur un radiateur, devant la cheminée ou au four (à 60 °C pendant 2 heures), en remuant régulièrement pour exhaler les odeurs. Vous trouverez de nombreux tutoriels sur Internet.

- Un **mélange de thé** : un peu sur le même principe que le pot-pourri, on rassemble divers ingrédients, qu'on va faire sécher et/ou écraser pour exhaler les arômes. Là encore, de nombreux tutoriels sont disponibles sur le Web.
- Côté **cuisine maison**, le choix est vaste : sablés, cookies, truffes, pâte à tartiner, *lemon curd* (crème citronnée pour agrémenter les desserts ou tartiner sur des gâteaux, biscuits, etc.), caramel au beurre salé, tablettes de chocolat customisées (avec des épices, des pistaches, des fruits confits...), confitures, pâtes de fruits...
- **Vous tricotez, cousez, crochetez ?** Écharpe, manchons ou jambières, châle, plaid, accessoires déco... vous avez les talents pour faire plaisir ! Et si en plus vous récupérez votre matière première d'un voisin, d'un ami ou chez Emmaüs, c'est encore mieux !
- **Vous créez, peignez, dessinez, gravez, sculptez ?** Peinture, attrape-rêves récup', arbre de vie en fil de fer, sculpture en

pâte à sel (voir p. 185)... laissez parler votre imagination, vos créations toucheront sans aucun doute vos proches.

- Vous ne savez pas peindre ? Pourquoi ne pas vous mettre au **coloriage** ? Imprimez un beau mandala en noir et blanc, et parez-le de couleurs à l'instinct. Vous ne savez pas non plus dessiner ? Le **zentangle** est fait pour vous ! Du gribouillage qui, en remplissant peu à peu la feuille, prend toute sa beauté. Inutile de savoir faire des cercles parfaits ou des traits bien fins : il suffit de tracer ce qui vous vient sous la main (des ronds, des points, des courbes, des feuilles grossières, des soleils) ; c'est la répétition et le foisonnement des motifs qui feront de votre gribouillage une œuvre d'art. (Vous pourrez aussi trouver l'inspiration en tapant « zentangle » dans votre moteur de recherche Internet.)

UN NOËL ALTERNATIF ?

Les fêtes de Noël sont celles de la surconsommation par excellence. Qu'il s'agisse du sapin et de ses décorations, du repas, des cadeaux et de leurs emballages, nos poubelles sont souvent archi-bondées le 26 décembre au matin...

Pourtant, un **Noël orienté zéro déchet**, c'est possible, et sans y perdre en convivialité, esprit de fête ni bonne humeur !

Un sapin d'un autre genre

Pour faire du bien à la planète, peut-être peut-on commencer par ne pas lui prendre ses arbres. Mais un Noël sans sapin, on comprend aisément que ce soit difficilement envisageable.

Pourquoi ne pas **le fabriquer vous-même** ? Vous pouvez par exemple le réaliser :

- **En palettes :** en fixant par le milieu diverses planchettes de palettes (voir p. 101), dont la longueur s'amenuise au fur et à mesure qu'on monte vers le sommet. Et rien ne vous empêche ensuite de l'agrémenter de branches de sapin ou de houx déjà tombées à terre en forêt, de mousse, de pommes de pin et de mille autres trésors de la nature !
- **En bois flotté :** si vous habitez près de la mer ou de l'océan, vous savez que les morceaux de bois flotté sont légion sur les plages. Partez vous promener en famille, ramassez-en autant que possible, puis assemblez-les, par longueur décroissante, avec de la ficelle et fixez-le tout contre le mur. Un sapin en 2D, certes, mais du plus bel effet, et qui résout le problème de la place.
- **En carton :** vous dessinez puis découpez des silhouettes de sapin, que vous enchâssez ensuite les unes dans les autres.
- **En 2D :** pourquoi forcément faire un sapin qui prend de la place ? Vous pouvez réaliser un sapin en deux dimensions qui ornera votre mur le temps des fêtes. Il vous suffit d'utiliser... tout ce que vous voulez (bouchons de bouteilles, boutons à coudre, timbres, rubans, papiers journaux ou magazines, sacs en plastique découpés...) et de disposer vos matériaux de manière à représenter un sapin.
- **En verre/plastique :** des bouteilles toutes identiques (ou pas !) que vous disposez en pyramide (solidement fixées toutefois...). Totalement récup', 0 % déchet.
- **En... rien du tout :** vous pouvez aussi simplement décorer joliment l'une des plantes de la maison !

Cadeaux et papier cadeau

Pour les cadeaux, nous vous renvoyons à nos idées sans déchet de la page 179.

Pour l'emballage, là encore pensez **récup' et recyclage** ; vous pouvez utiliser :

- **du papier** (papier d'imprimante déjà utilisé, coloriages ou peintures de vos enfants ou de vous-même, papier kraft – il y en a souvent dans les colis pour protéger les marchandises –, papier journal ou de magazines...) ;
- **du carton** (un emballage quelconque – boîte de gâteaux, de médicaments, etc. – que vous retournez intégralement pour en faire une boîte cadeau et dont vous décorez la partie cartonnée extérieure, ou des rouleaux de papier toilettes en guise de pochons à surprise) ;
- **du tissu** – c'est le principe du *furoshiki* japonais, un beau tissu que l'on utilise pour emballer le cadeau et qui fait office lui-même de cadeau, ou que l'on peut récupérer ensuite ;
- **du plastique** (les sacs plastique que vous gardez en stock ont bien quelques jolis imprimés qui feraient un papier cadeau original).

Voyez les choses avec un regard neuf et **pensez toujours à la manière dont vous pourriez les détourner**.

LE CONSEIL MALIN

Et si vous offriez un **cadeau immatériel** ? Une sortie, un restaurant, un spectacle ou même un week-end, pour permettre à vos proches de vivre de beaux moments, plutôt qu'un objet qui risque d'être relégué dans un coin et avec lequel ils ne se fabriqueront pas d'aussi beaux souvenirs. →

Voyez aussi du côté des « box », ces coffrets cadeaux qui permettent d'offrir une sortie, un massage, une dégustation, un petit séjour… Certaines sont maintenant **orientées éco-responsables**, comme NaturaBox ou Ozetik.
Si vous manquez d'idées, je vous conseille également ce site plein d'astuces pour offrir et recevoir en réduisant les déchets et en favorisant le fait-maison et le partage : **www.ecokado.fr.**
Enfin, pourquoi ne pas revenir aux attentions simples et sincères, aux vrais moments de partage, sans consommation aucune ? Renouez avec les « bons pour… » et **offrez du temps et de votre personne** ! Bon pour un massage maison, un jeu tous ensemble, une sortie en amoureux, un câlin, un dodo en famille, une soirée cocoon…

Une déco de Noël bonne pour la planète

Nous vous renvoyons à la page 44 pour quelques idées déco écologiques qui pourraient vous inspirer ; mais n'oubliez pas qu'Internet est votre ami et vous fournira mille et une astuces pour de la déco *home made*, récup' et donc totalement zéro déchet.

Pour orner votre sapin de Noël alternatif (voir p. 182), faites le tour de votre maison et **cherchez tout ce qui pourrait vous servir** à confectionner des guirlandes, des boules ou des décorations à suspendre :

- boules de Noël en **papier mâché** ;
- boules en **pelotes** (de laine, de ficelle, de raphia…) ;
- décorations en **carton** à suspendre, ornées de paillettes, de tissu, d'étoiles en papier alu ;
- formes découpées dans des **briques nettoyées** (de lait, de soupe, de jus), car l'intérieur est généralement métallisé ;
- décorations à suspendre modelées en **pâte à sel** et peintes (voir p. 185) ;

– des étoiles en **rubans de récup'** assemblés en leur milieu par un point de couture ;
– de la **mousse**, des **petits glands**, des **baies de houx** dans de petits **bocaux en verre** à suspendre (les petits pots de votre bébé, par exemple ?) ;
– des **rondelles d'agrumes séchées**, évidées en leur centre au moyen d'emporte-pièces en forme d'étoiles, de sapin, d'ange, etc. ;
– des **pommes de pin** parsemées de paillettes et/ou peintes ;
– du **ruban** replié sur lui-même de manière à former un petit sapin ;
– des formes diverses découpées dans de la **feutrine** ;
– des **feuilles mortes** ramassées à l'automne et bien séchées, à accrocher telles quelles ou à assembler en forme d'étoile.

Comme vous pouvez le constater, tout est possible avec absolument tout ! Et vous pourrez les conserver sans souci pour l'année suivante.

LE CONSEIL MALIN

Pour faire de la pâte à sel, mélangez :
- 2 verres de farine ;
- 1 verre de sel fin ;
- 1 verre d'eau tiède.

Malaxez le tout jusqu'à obtenir une pâte homogène, puis façonnez vos décorations (pensez à percer un petit trou en haut afin de les accrocher au sapin) – n'hésitez pas à utiliser des emporte-pièces pour plus de facilité. →

Laissez sécher vos créations durant 8 heures environ, puis passez-les au four à 90 °C pendant 3-4 heures (à vous de surveiller la cuisson ; tout dépend de la taille et de l'épaisseur de vos réalisations). Lorsque c'est prêt, vous n'avez plus qu'à peindre vos créations.
Variante : lorsque vous préparez la pâte, divisez-la en plusieurs portions, que vous colorez à l'aide de colorants bio, de peinture végétale ou d'ingrédients de la cuisine !

LES BONNES IDÉES DE NOS LECTEURS

› Camille : « Chez nous, pour Noël, c'est un accord familial : que des cadeaux *home made* ou d'occasion ! La règle est très stricte : celui qui offre un cadeau acheté devra faire toute la vaisselle de la soirée... Vu qu'on est 38, curieusement, il n'y a jamais eu d'entorse à notre règlement... ! »

› Anabelle : « Ici, les seuls cadeaux que nous achetons à Noël ou pour les anniversaires, c'est du local. Nous faisons le tour des petites boutiques et artisans du coin, par exemple sur le marché de Noël du village, et nous cherchons notre bonheur chez eux. Du durable et du naturel, bien entendu. »

› Nathanaëlle : « Le calendrier de l'Avent, je le fais *home made* avec des rouleaux de papier toilettes en guise de boîtes surprises journalières. Et pour les cadeaux, nous offrons des "boîtes de Noël" fabriquées en bois de palettes, dans lesquelles on met un fouillis de petites attentions faites maison. »

Chapitre 2

Entre amis

Avec les amis, c'est comme avec les proches : nul besoin de renoncer à votre mode de vie zéro déchet pour passer une soirée sous le signe de la convivialité – ce n'est pas parce que vous n'achetez pas des chips saveur barbecue et des pizzas surgelées que la soirée ne sera pas réussie !

UNE BONNE SOIRÉE ZÉRO DÉCHET

Chez nous, lorsqu'on reçoit des amis, c'est plutôt à la bonne franquette ! Ce qui n'empêche pas de rester fidèle à l'un des grands principes du « zéro wasteur » : le durable et encore le durable. **La vaisselle n'est pas jetable**, nous avons donc plaisir à recevoir dans de vraies assiettes, pas forcément assorties d'ailleurs (ça ne change rien à l'ambiance de la soirée), des vrais verres, et nous avons même investi dans de beaux verres à vin qui côtoient maintenant nos verres à eau anciennement verres à moutarde (tout le monde utilise ces verres : vous aviez déjà un pied dans le zéro déchet sans même le savoir !). **Les couverts sont en Inox** – on a dit adieu aux couverts au manche en plastique qui finissaient toujours par se casser.

L'essuie-tout a été remplacé par des **serviettes de table en tissu** que j'ai récupérées chez mes parents et lorsqu'un verre est renversé (nous recevons souvent des enfants), l'accident est essuyé grâce à une **éponge lavable** (voir p. 43) ou un **torchon**.

Enfin, si vraiment vous avez beaucoup, beaucoup d'amis et que votre vaisselle durable n'y suffit pas, investissez occasionnellement dans de la **vaisselle jetable recyclable ou compostable** (voir p. 175).

NOS APÉROS MALINS FAITS MAISON

Exit l'emballage plastique du saucisson ou le sac aluminium des chips ; place, une fois encore, au **fait-maison** ! Du facile et rapide à faire, mais original et savoureux, qui épatera vos amis – et sera l'occasion d'une discussion conviviale autour du zéro déchet !

Les dips

Simples, ultra-rapides, sains et goûteux – l'apéro idéal pour les copains qui débarquent à l'improviste !
Le principe est tout bête : des **crudités de saison** que vous détaillez, si besoin, en bâtonnets, à tremper dans des **sauces maison**. Par exemple, des carottes, des radis, du radis noir, des fleurettes de chou-fleur, des champignons de Paris (frais !), des tomates cerises, du chou-rave en cubes, du concombre, etc., à plus forte raison s'ils proviennent de votre production potagère.
Les sauces se confectionnent à base de mayonnaise maison (voir encadré ci-après), de fromage blanc ou de yaourt (maison si possible – voir mon partage d'expérience sur la yaourtière p. 67), auxquels on ajoute, au choix :

- de l'ail écrasé, de l'échalote, de la ciboulette pour une sauce corsée ;
- une pincée de poudre de curry, quelques gouttes de tabasco pour un esprit oriental ;
- du persil, de la ciboulette, du sel, du poivre et une pointe de jus de citron pour une sauce légère ;
- du coulis de tomates ou du ketchup maison pour les petits (et les grands aussi !).

Laissez le champ libre à toutes vos idées ! Vous pouvez également miser sur les grands classiques comme le guacamole, le houmous ou le tzatziki.

MA MAYONNAISE *HOME MADE*

Pour réaliser une bonne mayonnaise (avec un batteur électrique), il vous faut :

- 1 jaune d'œuf ;
- 1 cuil. à soupe de moutarde (bien remplie) ;
- de l'huile (au goût neutre) ;
- sel et poivre.

Recette :

› Dans un bol à batteur, mélangez le jaune d'œuf et la moutarde.

› Réglez le batteur sur vitesse moyenne et, tout en mélangeant votre préparation, ajoutez progressivement l'huile. Dès la quantité voulue obtenue, continuez de battre jusqu'à avoir une consistance ferme.

› Ajouter sel et poivre à votre goût.

Le secret : pour une mayonnaise plus onctueuse, ajoutez à la fin 1 cuillère à café de vinaigre de vin (surtout pas de balsamique).

Les chips de légumes

C'est un moyen amusant pour déguster des chips, tout en consommant des légumes, tout en épatant vos amis ! Vous pouvez utiliser de la carotte, de la betterave, de la patate douce (préférez la blanche), de l'aubergine, du chou kale... et bien évidemment de la pomme de terre. Le succès réside dans la coupe.

- Préchauffez votre four à 220 °C (thermostat 7-8).
- Lavez soigneusement vos légumes (bio de préférence, et de saison !) et détaillez-les en fines rondelles à l'aide d'une mandoline ou d'un bon couteau. Découpez les carottes en lamelles (avec un économe).
- Badigeonnez légèrement les deux faces de chaque morceau à l'huile d'olive.
- Disposez vos légumes sur la plaque du four recouverte de papier sulfurisé. Passez en mode gril et enfournez pour 10 minutes. Retournez vos chips à mi-cuisson. Contrôlez régulièrement : elles doivent être bien dorées.

Et voilà : vous venez d'éviter d'acheter un paquet difficilement recyclable, tout en régalant vos convives avec originalité !

Les amuse-bouches feuilletés

Réalisez une pâte feuilletée maison (voir encadré ci-après) pour réaliser toutes sortes d'amuse-bouches. Cette pâte est un support idéal à votre imagination ; vous pouvez disposer dessus (ou dedans) quasiment tout ce qui vous passe par la tête, comme :

- du fromage, du miel, des pignons ;
- des tomates et de la moutarde ;
- du pesto (mixez des pignons de pin, du basilic frais, de l'ail et de l'huile d'olive ; badigeonnez des lamelles de pâte avec cette préparation, enroulez-les sur elles-mêmes et passez-les au four) ;

- de la tapenade maison et des tomates ;
- du thon et du fromage ;
- du jambon de Parme, des lardons ou du chorizo ;
- du fromage de chèvre et des figues...

Vous pouvez les rouler en spirale, les façonner en croissants, en chaussons, en gressins, en torsades…

MA PÂTE FEUILLETÉE *HOME MADE*

Encore un emballage polluant évité – et la vôtre sera bien meilleure ! Pour ce faire, il vous faut :

- 200 g de farine + 50 g (environ) pour le plan de travail ;
- 1 grosse pincée de sel ;
- 100 ml d'eau ;
- 200 g de beurre (à température ambiante).

Recette :

› Dans une terrine, mélangez 200 g de farine et le sel. Faites un puits au milieu et versez-y les trois quarts de l'eau.

› Pétrissez sans trop travailler la pâte pour obtenir la même consistance que le beurre. Laissez reposer 20 minutes.

› Farinez votre plan de travail et étalez votre pâte sur 1 cm d'épaisseur. Disposez le beurre au milieu et rabattez les quatre côtés de la pâte pour l'enfermer.

› Au rouleau, étendez la pâte jusqu'à apercevoir le beurre. Pliez de nouveau la pâte en rabattant l'un des bouts sur le milieu et l'autre bout par-dessus. Laissez reposer au frais durant 20 minutes.

› Recommencez l'étape précédente : étalez, pliez, puis laissez reposer 20 minutes. Vous devez effectuer cette opération 5 fois au total. Plus vous recommencerez cette étape, plus votre pâte sera légère.

La tarte soleil

On en voit partout ces temps-ci, alors pourquoi ne pas vous y mettre ? C'est une sorte de feuilleté en forme de soleil, dont les rayons ont été torsadés. Délicieux tel quel, mais aussi pourquoi pas à tremper en association avec vos *dips* (voir p. 188).

Le principe est simple :

- Préchauffez votre four à 180 °C (thermostat 6).
- Étalez votre pâte feuilletée maison (voir ci-avant) en rond.
- Répartissez dessus la garniture de votre choix (s'il y a des morceaux, ils doivent être petits ; la garniture, quant à elle, ne doit pas être trop liquide), en veillant à conserver 2 cm vierges sur les bords.
- Recouvrez d'un autre disque de pâte feuilletée et soudez bien les bords, en les humidifiant légèrement au préalable.
- Posez un verre renversé au centre de votre pâte (sans appuyer) puis, en partant du verre, découpez des bandes de pâte, comme des rayons de soleil, d'environ 2 cm.
- Torsadez légèrement les rayons en les maintenant à leur base (ne forcez pas trop pour éviter qu'ils ne se cassent au centre), passez un jaune d'œuf sur l'ensemble, puis enfournez pour 40 minutes.

LES CONSEILS MALINS

› Quelques idées de garniture : ricotta/épinards, fromage à raclette/jambon de Parme, roquefort/figues sèches…

› Vous pouvez aussi utiliser de la pâte à pizza.

Les pommes d'amour salées

Des petites bouchées façon pommes d'amour... mais version salée !

- Réalisez un caramel en faisant fondre du sucre avec un peu d'eau dans une casserole.
- Piquez des tomates cerises bio, lavées, sur des cure-dents, et présentez-les à table avec le caramel légèrement refroidi et un bol de graines de sésame.
- Chaque convive plonge une tomate dans le caramel, puis dans les graines de sésame. Original !

Veillez à réchauffer de temps à autre le caramel afin qu'il ne durcisse pas trop.

MES IDÉES EN VRAC D'AMUSE-BOUCHES ZÉRO DÉCHET

L'un des maîtres mots dans le zéro déchet, c'est l'imagination ! Innovez, créez, essayez, associez, testez et montrez qu'on peut faire **sain**, **écolo**, **savoureux** et **ludique** tout à la fois !

Quelques idées en vrac d'apéros *home made*, à varier sans modération :

- cookies ou madeleines salés (potiron/comté, pesto/pignons de pin, cacahuètes, chorizo/tomates séchées...) ;
- brochettes (poulet sauce cacahuètes, légumes marinés, tomates cerises/mozzarella de bufflonne/basilic, mangue/tomme de Savoie, noix/lardons/roquefort...) ;
- bouchées en cuillères (thon/moutarde, fromage/jambon de montagne/raisin, avocat/crevettes/pamplemousse...) ;
- mais aussi scones salés, minicroque-monsieur, tartines (voir nos suggestions p. 71), verrines, mini-salades composées en verres, mini-gaspacho...

LES BONNES IDÉES DE NOS LECTEURS

› Manu : « Quand j'invite des amis, je leur demande souvent d'amener leurs propres amuse-bouches faits maison. C'est très convivial et ça permet de s'échanger des recettes et de partager des bonnes idées ! »

› Gaëlle : « Je réalise de la pâte sablée maison et, avec mes enfants, on s'amuse à tout décliner version "mini" : mini-quiches, mini-tartes, mini-pizzas, mini-pissaladières… »

› Pierre : « On a découvert il y a peu le "sandwich cake" : un gâteau salé constitué d'une couche de pain, puis une couche de garniture (cream cheese, ou tomates, ou tapenade, etc.), puis des ingrédients à sandwich (crudités, jambon en dés, œufs durs…), puis de nouveau une couche de pain, puis garniture, puis ingrédients, jusqu'à monter un gâteau complet. Ce qui est bien, c'est qu'on peut varier à l'infini, que ce soit le type de pain, la garniture ou les ingrédients. Et c'est archi-convivial ! »

Chapitre 3

Avec mes voisins

L'entraide est un excellent moyen d'apprendre à mieux connaître les gens du voisinage que l'on côtoie presque tous les jours mais qu'on connaît souvent mal. Mieux connaître les autres permet des échanges enrichissants, qui deviennent essentiels dans nos sociétés individualistes.

L'autre grand avantage de l'entraide, c'est qu'elle s'inscrit pleinement dans une démarche zéro déchet, puisque au lieu d'acheter tout ce dont nous avons besoin au quotidien, nous pouvons demander aux gens de notre entourage et leur rendre service à notre tour.

RENDEZ-VOUS SERVICE !

L'autre jour, mon conjoint a eu besoin de percer un trou dans notre salle de bains. Pour cela, il lui fallait une perceuse, que nous n'avions pas. Autant vous dire que cela nous embêtait de mettre plus d'une centaine d'euros pour acheter un outil que nous n'allions utiliser que 5 minutes. Nous avons donc tout simplement demandé à notre voisin s'il pouvait nous prêter la sienne. Il a accepté avec plaisir, et est même venu donner un coup de main.

Quelque temps plus tard, la femme de ce voisin a eu besoin de faire garder ses petits garçons quelques heures. Je lui ai proposé de m'en occuper, car j'étais disponible. En plus d'avoir rendu service à ma voisine, j'ai passé un très bon moment avec ses deux petits garçons, et ma fille aînée a eu des compagnons de jeu.

Tous ces petits services, en plus d'entretenir une **bonne convivialité**, sont forcément **réducteurs de déchets**... et **économiques** !

ÉCHANGEZ, TROQUEZ !

Pour trouver facilement l'aide dont vous avez besoin et faire encore plus de rencontres enrichissantes, pourquoi ne pas **proposer vos services à toute votre ville** ? Que ce soit pour aider, vous faire aider ou troquer des biens, de nombreux sites Internet existent pour cela, qui vous mettent en relation avec les personnes de votre ville proposant les services ou les biens que vous recherchez, ou en recherche des services ou des biens que vous proposez :

- Sur **www.yakasaider.fr** ou **http://entraide.consoglobe.com**, vous proposez vos services en échange de services. C'est totalement gratuit, la seule contrepartie étant de donner aussi de votre temps et de vos savoir-faire.
- Si vous ne connaissez pas suffisamment vos voisins pour leur demander leur visseuse, aucun problème : vous pouvez la louer sur **www.bricolib.net**, site de location d'outils entre particuliers, ou l'échanger sur **http://echange.consoglobe.com**.

LE CONSEIL MALIN

Le site **http://echange.consoglobe.com** propose également des rubriques « Occasion », « Location », « Don », « Entraide », vous permettant ainsi de passer quasi exclusivement par des particuliers pour tous vos besoins du quotidien : louer, échanger, vous faire aider, acheter à petits prix, etc., pour tous les objets et tous les types de services. Un excellent moyen de multiplier les échanges et de rencontrer de nouvelles personnes dans votre ville, dans une démarche communautaire et orientée zéro déchet !

- Le site **www.lamachineduvoisin.fr** vous propose de partager... votre machine à laver ou celle de votre voisin si vous n'en avez pas ! Une démarche surprenante, mais pleinement zéro déchet qui évite un achat fort coûteux et grandement générateur de déchets polluants.
- Il existe des sites plus généralistes comme **www.mytroc.fr** : celui-ci vous permet de proposer ou de demander des services ou des biens en échange de « noisettes », la monnaie virtuelle du site. Chaque fois que vous donnez quelque chose ou rendez un service, vous recevez un nombre de noisettes que vous pouvez ensuite utiliser pour vous offrir un service ou un bien. Toutes les catégories y sont représentées : informatique, maison, transport, bricolage, baby-sitting, cours, objets culturels, beauté et bien-être... il y a forcément votre bonheur !
- Figurez-vous que la nourriture aussi se troque ! Des sites comme **www.trocalimentaire.com** ou **www.trocdelices.fr** proposent de donner ou troquer les restes encore consommables de ses placards ou de son frigo pour éviter le gaspillage, avant de partir en vacances par exemple.

LE ZÉRO DÉCHET DANS MON QUARTIER

Le site **www.smiile.com** est un site de partage communautaire qui vous met en relation avec les habitants de votre quartier... pour tout partager ! S'informer sur la vie du quartier et ses commerces, s'entraider entre voisins, partager ou emprunter des objets, faire des achats groupés pour réduire les coûts et l'impact environnemental, discuter et se rencontrer, faire du covoiturage, s'échanger des bons plans pour consommer local, partager des jardins... On peut difficilement faire plus en matière de **partage**, de **convivialité**, d'**économie** et surtout de **préservation de la planète** !

S'INVESTIR DANS LA COMMUNAUTÉ

Passer au zéro déchet, c'est également un **engagement citoyen et politique**. Aujourd'hui, nous avons souvent le sentiment de ne plus décider de ce qui se passe. Pourtant, il y a des moyens d'agir, et le zéro déchet en est un. **En transformant vos modes de consommation, vous énoncez haut et fort vos choix et vos envies pour l'avenir de la planète.** En décidant de ne plus donner d'argent à des multinationales qui s'engraissent tout en vous vendant des produits nocifs et dangereux pour la santé et l'environnement, et en faisant travailler les petits commerçants ou les agriculteurs de votre région, vous changez déjà le monde.

LE CONSEIL MALIN

Si vous hésitez encore, si vous avez l'impression que vos petits efforts ne pèseront pas bien lourd, si vous êtes découragé d'avance, si vous pensez que personne ne fait rien, je ne saurais que trop vous conseiller de regarder l'excellent documentaire *Demain*, de Cyril Dion et Mélanie Laurent, César 2016 du Meilleur documentaire, dans lequel eux et leur équipe voyagent à travers le monde à la rencontre de tous les gens qui font, comme vous, leur petite part de colibri, qui innovent, changent l'ordre établi, créent là où le système ne satisfait plus aux besoins humains et environnementaux. Un documentaire bourré d'espoir qui devrait vous requinquer à bloc ! Plus d'informations sur www.demain-lefilm.com.

Si vous souhaitez aller plus loin, **investissez-vous dans votre communauté**. Faites ce qui vous plaît le plus – de la couture, de la danse, des actes militants, de la musique, de l'humanitaire ou toute autre chose – mais faites-le au sein des associations de votre ville. Faites-les vivre et partagez-les autour de vous. Faites vivre votre ville, aimez-la et respectez-la. Pourquoi ne pas monter votre propre association liée au zéro déchet, par exemple ? Pourquoi ne pas partager vous aussi votre expérience avec d'autres qui n'osent pas se lancer par peur du changement ou de la difficulté ?

En attendant, une association nationale existe déjà et vous pouvez y adhérer : **Zéro Waste France** (www.zerowastefrance.org).

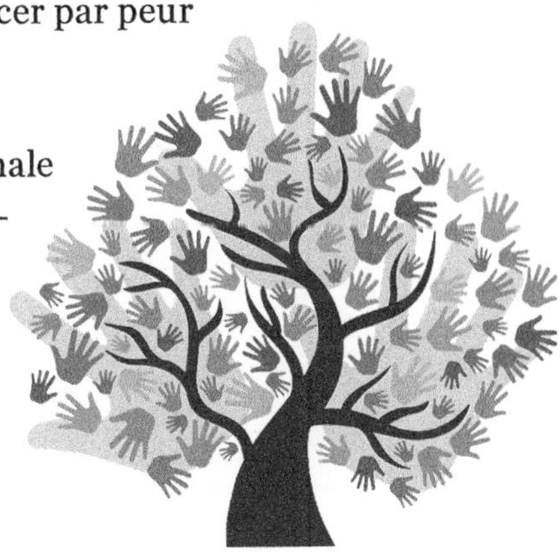

LES BONNES IDÉES DE NOS LECTEURS

› Pierre : « Jusqu'à il y a peu, nous ne connaissions pas nos voisins. Nous trouvions ça dommage, non seulement de vivre aussi proches les uns des autres sans se connaître, mais aussi de ne pouvoir s'entraider. À l'occasion de la Fête des voisins, il y a deux ans, nous avons organisé un buffet sauvage dans la rue. La seule règle : pour pouvoir participer, il fallait amener de la vaisselle durable à partager ou un plat fait maison. Le challenge a amusé et motivé tout le monde ! Depuis, nous organisons régulièrement ce genre de rendez-vous dans notre quartier, et pas seulement pour la Fête des voisins : des liens se sont créés entre nous tous et nous sommes toujours heureux de partager ces bons moments – dans le respect de la planète ! »

› Hélène : « Ma fille, déléguée de classe, a mis en place, avec d'autres élèves, un système d'échange de biens et de services au sein de leur lycée. C'est gratuit : chaque élève peut déposer une annonce (proposer ou chercher un soutien scolaire, un covoiturage, etc., ou un bien, comme un manuel scolaire, un sac d'occasion, des chaussures de sport). Pour bénéficier d'un bien ou d'un service, il faut avoir rendu un service ou donné/prêté un bien. Les élèves se relaient volontiers pour la gestion de l'ensemble. Une excellente initiation aux alternatives solidaires et zéro déchet ! »

4

ZÉRO DÉCHET À L'EXTÉRIEUR

Je vous rassure : une fois les premiers changements amorcés chez vous, le reste vous viendra presque tout seul, comme une évidence. À chaque fois que vous ferez les courses, à chaque fois que vous aurez besoin d'acheter quelque chose, à chaque fois que vous irez dîner chez quelqu'un ou que vous recevrez du monde, vous serez en mode zéro déchet.

Au début, vous aurez l'impression de ne plus penser qu'à ça et d'ennuyer tout votre entourage avec. Puis viendra le moment que j'appelle la stabilisation : certaines habitudes difficiles à mettre en œuvre au départ seront devenues partie intégrante de votre quotidien.

C'est à ce stade-là, quand vous aurez pris confiance en vous et que vous aurez acquis des automatismes, que vous aurez sûrement envie d'aller plus loin et que vous commencerez à étendre cette nouvelle façon d'envisager le monde et le quotidien en dehors de votre maison.

Chapitre 1

Zéro déchet dans mon jardin

Ça y est, vous évitez autant que possible de générer des déchets et vous gérez plutôt bien le recyclage. Votre poubelle est déjà bien moins remplie, ou en tout cas bien moins vite.

Cependant, vous allez voir que, même hors de chez vous, il est possible de mettre en place quelques nouvelles habitudes qui vont contribuer un peu plus encore à réduire votre impact environnemental.

JE RECYCLE MES DÉCHETS ORGANIQUES

Une part importante dont vous pouvez facilement alléger votre poubelle est celle que représentent les **déchets organiques**. Il s'agit de tous les **déchets alimentaires**, les **résidus d'origine végétale ou animale** qui peuvent être dégradés par les micro-organismes, par exemple les épluchures, les restes de repas, les coquilles d'œufs, le marc de café...

Heureusement, si nous aidons la nature, celle-ci est là pour nous aider en retour, et à tout problème de déchets on peut trouver sa solution zéro déchet.

La poule, ma meilleure amie

L'idéal dans le concept du zéro déchet, c'est de créer un **cercle vertueux.** La **poule** est l'élément principal de l'un de ces cercles vertueux de la lutte contre le gaspillage et les déchets. Si vous avez la chance d'avoir un extérieur permettant d'accueillir une poule, voire plusieurs afin qu'elles se tiennent compagnie, vous pourrez faire d'une pierre deux coups : **vos déchets organiques, restes de repas et épluchures leur serviront de nourriture** et, en contrepartie, ces poulettes vous fourniront des **œufs frais à foison** toute l'année.

C'est également une façon ludique d'éduquer les enfants dans le respect de la nature et des animaux, afin qu'ils mesurent à quel point tout est lié, nous compris, en ce monde.

Voici quelques liens pour en apprendre plus sur tous les bienfaits des poules chez soi, et pour savoir comment démarrer :

- http://www.consoglobe.com/poules-a-la-maison-cg
- http://www.wonderfulbreizh.fr/2014/05/08/des-poules-dans-le-jardin-pourquoi/ (sur les avantages d'avoir des poules chez soi)
- http://www.wonderfulbreizh.fr/2014/05/28/des-poules-dans-le-jardin-le-poulailler/ (sur l'habitat idéal des poules et leur environnement)
- http://www.wonderfulbreizh.fr/2015/03/04/des-poules-dans-le-jardin-les-nourrir/ (sur l'alimentation des poules)

Presque tout recycler par le compostage

En complément des poules, qui ne mangent pas tout (comme le marc de café ou les cheveux et ongles, par exemple), le *must* est d'avoir un **composteur** au fond du jardin. Vous pouvez y mettre **presque tout ce qui est organique**, les déchets du jardin, le bois, etc., la récompense étant un **engrais naturel, sain et gratuit** que vous pourrez ensuite utiliser dans votre potager. Encore un cercle vertueux du zéro déchet !

LE CONSEIL MALIN

Vous trouverez plusieurs guides de compostage pratiques et très bien faits sur Internet, par exemple http://jefaisducompost.com/pdf/GuideCompostage.pdf.

Le choix d'un mode de compostage sera fonction du volume à composter et du confort d'utilisation que vous souhaitez :

- **Le compostage en composteur** : il doit être posé en extérieur, en contact direct avec le sol, sur une surface plane et dans une zone semi-ombragée. **Avantages** : conserve l'humidité ; accélère le processus de compostage ; système d'ouverture pour extraire le compost ; facilite la montée en température. **Inconvénient** : brassages moins aisés (voir « Compost, mode d'emploi » ci-après).
- **Le compostage en tas** : compostage direct des matières sur le sol, en un tas d'au moins 1 à 2 m^3, à l'abri du vent et à l'ombre. **Avantages** : pas de limitation de volume ; brassages plus aisés. **Inconvénients** : attire certains animaux ; processus de compostage plus long et plus difficile (excès d'humidité, moins hygiénique).
- **Le compostage en fosse** : les déchets à composter sont déposés dans un trou de 30 à 50 cm de profondeur, creusé dans le sol. **Avantage** : compostage stimulé par les lombrics.

Inconvénients : brassages difficiles ; aération limitée et moins contrôlée ; pas de montée en température.

Compost, mode d'emploi

Quel que soit le mode de compostage choisi, il y a **5 règles d'or** à respecter pour obtenir un **compost de qualité en réduisant le temps de décomposition** :

- Démarrer le composteur avec une **couche d'aération en bas** (copeaux de bois, paille ou herbes sèches).
- Bien **diversifier les déchets déposés en alternant les apports** (déchets verts azotés comme les tontes, feuilles, fruits, légumes, puis déchets bruns carbonés comme les branches broyées, les feuilles mortes, les copeaux de bois ; déchets de jardin puis déchets de cuisine ; déchets secs et déchets humides...).
- **Broyer les déchets les plus grossiers** pour les fragmenter.
- **Brasser régulièrement le compost pour l'aérer**, favoriser l'apport d'oxygène et ainsi améliorer le processus de décomposition.
- Veiller à ce que le compost ne soit jamais **ni trop sec, ni trop humide**.

Tout cela permet à la dégradation des déchets par les micro-organismes de se faire dans les meilleures conditions possibles.

QUELS DÉCHETS DANS MON COMPOST ?

› **Les déchets du jardin :**

– fleurs fanées, plantes (mauvaises herbes comprises, mais sans graines), fanes du potager ;
– tontes de gazon, feuilles, tailles de haies et d'arbustes (réduites en morceaux) ;
– écorces d'arbres ;
– paille, foin. →

› Les déchets de la cuisine :

– épluchures, coquilles des fruits secs (noix, noisettes…) ;

– restes de légumes, de fruits, de repas (riz, pâtes, etc., mais sans sauce) ;

– coquilles d'œufs (de vos poules, par exemple !), coquillages broyés ;

– agrumes (en tout petits morceaux et en faible quantité) ;

– filtres et marc de café, sachets de thé et d'infusion.

› Les autres déchets :

– sciures, copeaux (non traités) ;

– serviettes en papier et essuie-tout (non colorés et sans produit ménager), papier, carton en petits morceaux ;

– fumier d'animaux d'élevage ;

– paillage d'animaux domestiques herbivores.

› Ce qui n'est pas compostable :

– cendres de bois ;

– matières synthétiques ;

– plastiques ;

– métaux ;

– verre ;

– mégots de cigarettes ;

– déchets de viande ou de poisson ;

– laitages ;

– graines et noyaux ;

– litières non biodégradables d'animaux ;

– poussières de sacs d'aspirateur ;

– terre, sable, gravats, pierres ;

– morceaux de bois et branches (> 10 mm de diamètre).

LE CONSEIL MALIN

Au printemps, pensez à **retourner complètement le compost** (2 fois dans la saison) à l'aide d'une fourche et **humidifiez-le si nécessaire** pour activer la décomposition (apport d'oxygène et d'eau) – quand vous pressez une poignée de compost, si celui-ci perle un peu sans se défaire, il n'a pas besoin d'apport en eau ; si de l'eau coule, il est trop humide ; s'il est sec et se défait, il est trop sec.

Comment utiliser mon compost ?

En fonction du type de matières incorporées, de la fréquence des brassages et retournements, et des conditions climatiques, le compost peut être utilisé **au bout de 6 à 8 mois**. Ce **compost jeune** servira en **paillage de surface** (hormis les éléments très grossiers remis à composter) à l'automne ou en début d'été sur des végétaux bien enracinés, ou pour protéger le sol en hiver, limiter l'évaporation et apporter progressivement les éléments minéraux nécessaires. Au bout de 6-8 mois, on peut l'incorporer définitivement au sol.

Le **compost mûr** peut être obtenu, quant à lui, **au bout de 10 à 12 mois**. Il est composé d'éléments fins et grossiers (comparable à un terreau), de couleur brune, et dégage une odeur d'humus de forêt. Il a un effet **fertilisant** et s'utilise tant au jardin que pour les plantes en pots :

- Au jardin : il doit être incorporé dans les premiers centimètres du sol, par griffage. Vous pouvez également le répandre sur les zones engazonnées (un quart de compost pour trois quarts de terre) au sortir de l'hiver, pour replanter ou revigorer votre pelouse.
- En pot : mélangez un quart de compost tamisé (sans les résidus les plus grossiers) pour trois quarts de terre.

Et si je n'ai pas de jardin ?
Si, comme moi, vous n'avez pas la chance d'avoir un extérieur, une solution existe tout de même : le **lombricomposteur**. Plusieurs sociétés proposent des lombricomposteurs pratiques, sans odeurs et esthétiques, à mettre directement dans votre cuisine, votre cellier ou sur votre balcon. J'utilise moi-même le lombricomposteur de Vers la Terre (www.verslaterre.fr), qui sont aujourd'hui, d'après moi, les meilleurs sur le marché ; leur site Internet propose d'ailleurs plein de guides et conseils pour vous faciliter le lombricompostage.

C'est à peu près le même système que le composteur de jardin, sauf que celui-ci contient des petits vers de terre. Les vers de l'**espèce *Eisenia***, la plus couramment utilisée pour le lombricompostage, sont très résistants aux conditions extrêmes, engloutissent plus de la moitié de leur poids par 24 heures et réduisent odeur et pollution que dégagent certains déchets.

Dans ces lombricomposteurs, **vous ne pourrez pas mettre tout ce que vous mettriez dans un composteur classique**. Le lombricomposteur accepte toutes les épluchures de fruits et de légumes, sauf les agrumes et les oignons. Vous pouvez également y mettre du papier, du marc de café ou du thé. Cependant, le lombricomposteur est vegan et n'accepte **aucune protéine**, donc pas de viande ni de poisson, mais aussi pas d'œufs ni de féculents.

À NOTER

Il faut cependant ajouter régulièrement au lombricomposteur des **coquilles d'œufs** pour réguler l'acidité.

Vous récolterez de tout cela du lombricompost et du thé de vers :

- Le **lombricompost** est le résultat de la digestion des déchets par les vers. C'est un **très bon engrais** plein de nutriments, idéal pour le sol et les plantes.
- Le **thé de vers** est un liquide obtenu grâce à l'humidité contenue dans les aliments. Cette humidité se charge de nutriments dans les bacs. Une fois ce liquide récupéré, il fait office d'**engrais concentré** : vous pouvez l'utiliser de temps à autre, dilué à 10 %, sur la terre ou en pulvérisation sur les feuilles de vos plantes.

LE CONSEIL MALIN

Le site www.amisdelaterre.org propose un guide très intéressant sur la mise en place du compostage et du lombricompostage : http://www.amisdelaterre.org/Le-guide-du-compostage-et-du.html.

Les composteurs partagés

Si vous n'avez pas d'extérieur et que la vue des petits vers de terre vous rebute, il existe une dernière solution : les **composteurs partagés**.

Aujourd'hui, de plus en plus de communes proposent une **collecte directe de vos déchets organiques** pour en faire du compost. Vous pouvez également trouver des points de collecte de déchets organiques à certains endroits stratégiques dans les villes proposant ce système.

LE CONSEIL MALIN

Si votre ville n'en fait pas encore partie, vous pouvez proposer ce projet en constituant un groupe. Le site du Mouvement Colibris vous explique la marche à suivre ici : http://www.colibris-lemouvement.org/agir/guide-tnt/mettre-en-place-des-composteurs-collectifs.

Plusieurs copropriétés proposent également des **bacs à compost partagés** ; sachez d'ailleurs que c'est un projet que vous pouvez vous-même proposer à votre copropriété ou résidence. Le site www.compostaction.org vous indique la procédure à suivre étape par étape si vous aussi, vous voulez lancer l'aventure du compostage dans votre immeuble.

Enfin, vous pouvez également demander à déposer vos déchets organiques dans les **composteurs de jardins partagés** (voir p. 215), qui en possèdent souvent.

AYEZ LA MAIN VERTE !

Apprendre à gérer et à valoriser au mieux ses déchets, c'est très bien ; mais les courses restent le poste qui en génère le plus. Le vrac n'est pas encore accessible à tous et le bio souvent plus cher.

La solution anti-crise qui permet de **manger mieux et moins cher tout en ne produisant aucun déchet**, c'est de faire **son propre potager** !

Je cultive mon propre potager

Ludique pour les enfants, **loisir d'extérieur** pour les parents, **grand moment de partage** pour tous, le potager n'a que des avantages. C'est d'ailleurs le rêve d'un nombre toujours croissant de personnes : devenir autosuffisant, au moins dans le domaine de la nourriture. Quel plaisir de ne plus avoir besoin de se ruer dans les supermarchés bondés pour acheter des produits dont on n'est pas sûr de la composition, à des prix toujours plus élevés et généralement suremballés.

Avoir son propre potager, c'est avoir la satisfaction de se nourrir soi-même à la sueur de son front. C'est une activité d'extérieur qui permet de respirer et de se sentir mieux dans sa tête, sans parler d'une activité physique qu'on ne soupçonnait pas.

D'UNE PIERRE DEUX COUPS !

L'avantage auquel vous ne vous attendez pas forcément, c'est que faire et entretenir son potager est une **activité physique à part entière**. Plutôt que de dépenser votre temps et votre argent dans une salle de sport puis dans un centre UV (très mauvais pour la santé !), offrez-vous gratuitement des muscles, une santé de fer et un teint hâlé en bêchant au soleil dans votre potager !

C'est aussi un moyen formidable de **donner aux enfants le goût des légumes.** En plus de leur confier la responsabilité de la pousse (très gratifiante pour eux), cela leur permet également de voir à quoi ressemble l'aliment, sentir son odeur et goûter son vrai goût en provenance directe de la terre.

Quels semis en quelle saison ?

Évidemment, il n'est pas question ici de vous donner un cours de jardinage complet. Vous trouverez facilement un tas d'ouvrages pour cela ; nous vous conseillons d'ailleurs *Le potager malin*[1], de Philippe Asseray, un très bon guide plein de bons conseils faciles à suivre pour bien débuter dans l'aventure du potager.

1. Éditions Leduc, 2013.

Mais si vous avez la possibilité de faire quelques plantations en pot, en carré de potager ou encore mieux en jardin, il vous faut déjà savoir **quoi semer et quand**.

Voici notre liste non exhaustive :

Légumes	Dates de semis	Repiquage	Récolte
Ail	Février-mars		Juillet
Artichaut	Mars-avril	Avril-mai	Juillet (un an après)
Asperge	Février-mars	Septembre	Mai-juin (trois ans après)
Aubergine	Janvier-mars	Avril-mai	Juillet-août
Betterave	Avril-juin	Mai-juin	Août
Carotte	Février-mars		Dès le mois de juin
Chou-fleur	Février-mars	Avril	Août
Concombre/ cornichon	Février-mars	Mars-avril	Juillet
Courgette/ courge	Avril	Juin	Août
Épinard	Avril	Juin	Septembre
Haricot	Mars	Mai	Août
Laitue	Février-juin		4 à 5 semaines après les semis
Navet	Février	Mars	Juin
Oignon	Mars-avril		Juillet
Poireau	Janvier-février	Avril-mai	Mai-juillet
Radis	Dès mars (et régulièrement)		2 à 3 semaines après les semis
Tomate	Février-avril	Mai	Juillet

Sur un balcon

En balcon, utilisez des **jardinières** avec un tiers de compost (voir p. 205) et deux tiers de terreau pour planter herbes aromatiques, tomates cerises, radis et/ou salade.

Sur une terrasse

Sur une terrasse (ou un grand balcon), vous pouvez réaliser des **carrés de potager** que vous trouverez facilement dans le commerce ou que vous réaliserez vous-même (des plans sont disponibles sur Internet, par exemple celui-ci pour confectionner un carré en palettes : https://potager.ooreka.fr/fiche/voir/309487/fabriquer-un-potager-en-palette).

Vous pourrez y planter **toutes sortes de légumes** : radis, salades, courgettes... Évitez simplement les plantes montantes, comme le maïs, qui pourraient déséquilibrer l'ensemble. En pots ou en carrés de potager, privilégiez des **plantes à croissance rapide**, comme les salades, les radis, les navets, les betteraves, que vous pouvez récolter et semer toutes les 2 à 3 semaines.

Dans un jardin

Là, tout est possible, évidemment. Cependant, si vous possédez un jardin en résidence, pas question de le transformer en potager ; c'est souvent contraire aux règles de copropriété. Dans ce cas, pensez à **associer plantes ornementales et plantes « utiles »**. Par exemple, des soucis mélangés à de l'oignon, des blettes, de la rhubarbe, de la bourrache et même des tomates donneront un parterre de plantes et de fleurs très élégant.

LE CONSEIL MALIN

Pour aller plus loin, voici quelques sites passionnants bourrés de conseils et d'informations :

- www.un-jardin-bio.com
- www.permaculturedesign.fr

Les jardins partagés

Si vous souhaitez profiter d'un petit bout de terrain pour créer un joli potager, vous pouvez simplement vous adresser à votre mairie : vous obtiendrez ainsi la liste des associations qui proposent des **jardins partagés** ou des **jardins familiaux.**

Contre une adhésion plutôt accessible (environ 2 euros/m^2/mois), vous pourrez bénéficier d'une **surface de quelques mètres carrés** au milieu d'autres surfaces utilisées par vos voisins ou concitoyens.

L'avantage de ces jardins partagés, c'est justement qu'ils sont partagés et que **cela incite à rencontrer, à échanger et à partager avec les autres.** Nul besoin d'être un jardinier averti, car l'entraide est très importante au sein de cette communauté : vous apprendrez plus en quelques mois de jardins partagés qu'en plusieurs années de potager solitaire.

CONNAISSEZ-VOUS LES INCROYABLES COMESTIBLES ?

C'est une initiative communautaire lancée pour la première fois à Todmorden (Angleterre), en 2008, et qui s'est étendue au monde entier : il s'agit de **valoriser les espaces libres de sa ville pour y cultiver sainement fruits et légumes**, et les laisser à disposition de qui veut, le but étant de faire de la ville un immense jardin partagé où **chacun peut planter, cultiver et récolter à sa guise**, encourageant ainsi la communauté à se rapprocher de l'autosuffisance alimentaire. À ce jour, plus de 80 communes en France se sont lancées dans l'aventure. Si vous souhaitez en savoir plus et découvrir si votre ville en fait partie, rendez-vous sur : **www.lesincroyablescomestibles.fr**. Et si cela n'existe pas encore chez vous, alors initiez vous-même le mouvement en suivant la méthode simple en 5 étapes proposée par les Incroyables Comestibles : http://lesincroyablescomestibles.fr/participation.

LES BONNES IDÉES DE NOS LECTEURS

› Sophie : « Comme mon potager tourne bien et que je produis plus que nécessaire, le surplus me sert dans différentes circonstances : ramener un petit panier garni de fruits et légumes lorsque je suis invitée à dîner chez des amis, troquer quelques pommes de terre avec les œufs de poule de ma voisine, ou encore les distribuer aux SDF de mon quartier. »

› Marie : « Nous vivons en appartement juste à côté d'un lotissement de maisons avec jardins. Nous sommes cinq avec les enfants, et produisons beaucoup de déchets organiques. Alors régulièrement, nous faisons le tour des voisins qui possèdent un composteur, afin d'y déposer nos déchets. En retour, ils nous donnent des fruits et légumes de leur potager. Tout le monde y trouve son compte ! »

Chapitre 2

Je me mets à la permaculture

Vous avez peut-être entendu ce mot ici et là, récemment, car la permaculture commence à se faire connaître (bien qu'elle ait été créée dans les années 1970), notamment grâce au documentaire *Demain* (voir p. 199) qui présente un exemple édifiant de permaculture dans le Nord de la France. Mais de quoi s'agit-il, et quelle différence y a-t-il avec la culture traditionnelle ?

QU'EST-CE QUE LA PERMACULTURE ?

La permaculture est une façon à la fois ancienne et nouvelle de concevoir un potager ou, à plus grande échelle, l'agriculture. Ce terme vient de la contraction de « *permanent-agriculture* » ou, en français, « agriculture permanente », et désigne plus largement une **agriculture durable**.

Le concept a été imaginé dans les années 1970 par deux Australiens : Bill Mollison, biologiste et professeur à l'université de Tasmanie, et David Holmgren, l'un de ses étudiants. Ils ont d'ailleurs écrit un livre ensemble à ce sujet, *Permaculture one*.

Cependant, le terme avait déjà été utilisé bien avant, en 1911 précisément, par les précurseurs de la permaculture ayant inspiré le professeur Mollison et son élève. En effet, plusieurs chercheurs dont Russel Smith, Howard T. Odum, Percival Alfred Yeomans, Masanobu Fukuoka et bien d'autres, travaillaient sur des méthodes agricoles durables essentiellement inspirées par la nature.

Et c'est bien là le point central de cette méthode : **travailler avec la nature, et surtout pas contre elle**.

La permaculture œuvre pour et avec la nature

En effet, **la nature n'a jamais eu besoin de l'intervention de l'homme** pour produire à profusion fruits, légumes, herbes aromatiques ou médicinales. Alors que, de notre côté, on ne sait plus « tenir » un jardin ou un potager sans l'entretenir ou le nettoyer à coups d'engrais ou de pesticides. Étrange, n'est-ce pas ? La raison en est que nous avons appris à travailler contre la nature : contre les « mauvaises » herbes, contre les insectes « indésirables », et malgré un climat inadapté, on nous apprend à mettre en serre ou à booster les sols à grand renfort de fertilisants.

Alors qu'en fait, pour que cela fonctionne, il suffit simplement d'**accompagner la nature**. S'inspirer de celle-ci et s'adapter à ce qu'elle propose au moment et sur le lieu que vous souhaitez utiliser. C'est pourquoi il faudra réfléchir à un « design » (nous le verrons plus loin), c'est-à-dire construire son potager selon plusieurs critères et s'adapter à chacun d'entre eux. Il faudra également penser associations de plantes, et non pas carrés potagers délimités car, **dans la nature, les plantes s'entraident**.

Cela peut paraître compliqué de prime abord, mais en suivant quelques règles simples, vous réussirez à créer sans difficulté votre propre potager naturel. Je parie même que cela deviendra pour vous un plaisir et une grande fierté !

POURQUOI SE LANCER DANS LA PERMACULTURE ?

La permaculture est éthique

La permaculture va au-delà de la simple production de nourriture. Elle permet de porter un regard éthique sur tous les aspects de la vie en nous apprenant à **respecter la vie déjà présente sur Terre**. À s'adapter à celle-ci. À vivre en harmonie avec tous ses aspects. Il ne s'agit plus d'un rapport de force dans lequel l'homme impose sa vision et sa volonté à la nature, mais plutôt **de la vie en communauté et en harmonie l'un avec l'autre**.

Tout comme dans la société, la solution n'est pas dans le modèle pyramidal qui tend à être enseigné dans nos cultures occidentales. Dans ce modèle, on nous apprend que la loi du plus fort est celle qui prime. Gagner plus que le voisin, avoir plus que les autres, en avoir tellement qu'on ne sait plus quoi en faire. On nous apprend que l'homme est au sommet de la chaîne alimentaire. Pourtant, la vérité se trouve, non pas dans cette forme de pyramide, mais plutôt dans celle d'un cercle : le cycle de la vie et de la nature. **Chaque élément présent sur Terre – faune, flore, minéraux – fait partie d'un cycle où chacun apporte quelque chose à l'autre.** Et c'est exactement ce que la permaculture nous enseigne.

Chaque plantation que vous allez mettre en place devra faire partie d'un cercle qui enrichit tout ce qui l'entoure. C'est pourquoi il faudra proposer des associations bénéfiques pour chacune d'entre elles.

La permaculture est zéro déchet

Quand vous réalisez un potager, il vous faut tenir compte de vos besoins et de ceux des membres de votre foyer ou de la communauté que ce potager va nourrir. Si, toutefois, vous voyez un peu grand ou que les récoltes sont plus abondantes qu'espéré, il va falloir songer à donner le surplus ou, tout du moins, à l'utiliser de toutes les manières possibles.

C'est en cela que la permaculture s'accorde pleinement avec la démarche zéro déchet : chaque plante, chaque « déchet » vert, morceau de bois, feuilles mortes, **le moindre élément qui compose votre potager sera utilisé d'une façon ou d'une autre – rien ne se perd, tout se transforme !** À vous de veiller à toujours entretenir ce cercle de vie où chacun enrichit l'autre sans jamais aucune perte.

Si vous suivez tous ces conseils et ceux présentés ci-après, la permaculture permettra à votre potager de rouler tout seul ou presque ; vous ne serez là que pour l'accompagner, si besoin est.

La permaculture est bénéfique à tous

La permaculture est, comme vous l'aurez compris, un concept bien plus complexe que du simple jardinage – et pourtant, elle reste accessible à tous. Elle va vous permettre de cultiver **vos propres fruits et légumes de qualité bio**. Vous y gagnerez en saveur, en qualité, en temps et en argent. Et tout cela en respectant et améliorant la biodiversité qui vous entoure : en effet, en suivant les lois de la permaculture, **vous permettrez à toute la biodiversité de se développer dans les meilleures conditions possibles**. Les petits vers pourront aérer vos sols tout en aidant les nutriments à passer plus facilement. Plusieurs insectes et même de plus gros animaux (reptiles, mammifères et oiseaux) viendront profiter de l'harmonie de votre création et enrichir par la même occasion sa biodiversité.

La permaculture va également vous permettre de **produire des plantes médicinales, des herbes aromatiques, voire des fleurs mellifères** (utilisées par les abeilles pour la fabrication du miel – et l'on sait combien il est vital que nous soutenions ces insectes menacés de disparition).

À NOTER

Votre petit coin en permaculture va également vous apporter de la joie, du bonheur, de la satisfaction et de la détente, car vous vous sentirez comme dans un cocon de verdure, en paix avec la nature. Vous soignerez ainsi, dans le même temps, votre corps et votre esprit. Que demander de plus ?

PAR OÙ COMMENCER ?

Les pages qui suivent sont très importantes si vous souhaitez commencer au mieux votre jardin en permaculture et ne pas être découragé. **Respectez les étapes présentées ci-après sans en sauter aucune**, sous peine de ne pas réussir à bien lancer la machine et donc, à terme, de ne pas obtenir les résultats escomptés. Ces étapes sont à poursuivre et à recommencer de manière cyclique tout au long de la vie de votre jardin en permaculture.

Voici ces étapes :

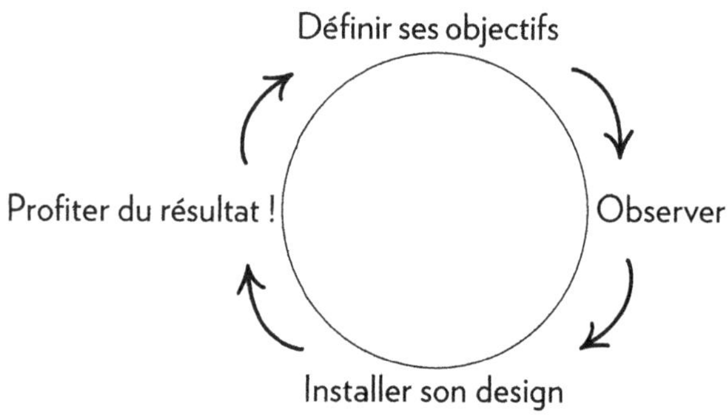

À NOTER

Sachez également que la permaculture peut se pratiquer partout : sur un balcon, une terrasse, dans un jardin ou même dans un quartier entier voire dans toute une ville ! Bien entendu, il faudra veiller à s'adapter à chaque milieu, d'où l'importance de suivre scrupuleusement les étapes ci-après.

1. DÉFINIR SES OBJECTIFS

Quels sont vos objectifs pour ce projet de permaculture ? Souhaitez-vous :

- végétaliser votre balcon ?
- avoir à disposition des herbes aromatiques ?
- vous soigner avec vos propres plantes ?
- produire des fruits et légumes pour votre consommation personnelle ?
- produire et vendre vos récoltes ?

Pour qui souhaitez-vous mettre en œuvre ce projet de permaculture :

- vous seul ?
- votre famille ? Composée de combien de membres ?
- votre famille élargie ?
- pour votre quartier ?
- pour une clientèle ? De quel ordre et quelle taille ?

Qui va participer à son élaboration et à son entretien :

- vous seul ?
- toute la famille ? Combien de personnes ?
- une communauté ? Combien de personnes ?
- des employés ? Combien de personnes ?

Selon les réponses que apporterez à ces questions, vous devrez définir un projet qui réponde suffisamment à vos besoins sans pour autant trop les dépasser. En effet, en permaculture, **on évite le gâchis et le surplus est à offrir ou à utiliser de nouveau pour ne rien perdre.**

2. OBSERVER LE CONTEXTE

Cette phase d'observation est primordiale. En effet, elle va définir le contexte général de votre projet :

- le **contexte légal** (ce que vous avez le droit ou non de faire sur le terrain prévu) ;
- le **contexte humain**, basé sur vos objectifs ;
- mais aussi et surtout le **contexte de votre terrain.**

Le contexte légal

Le contexte légal consiste **à vérifier vos droits et vos obligations envers le terrain que vous souhaitez cultiver**. Vérifiez donc auprès du règlement de copropriété quels sont vos droits et obligations sur l'utilisation du balcon ou de la terrasse. Pour un terrain, vérifiez vos obligations au niveau des démarches administratives et de l'entretien de celui-ci.

Le contexte humain

Après avoir déterminé pour qui et avec qui vous allez créer votre projet de permaculture, vous pourrez déterminer le contexte humain, c'est-à-dire **la capacité de travail que vous pourrez fournir pour ce projet**. Il faudra prendre en compte le nombre de personnes, leur disponibilité, mais aussi leur état de santé. Les **finances** peuvent également avoir un impact sur ce projet.

Le contexte du terrain

Voici une étape extrêmement importante. Pour faire les bons choix de plantations, il vous faut connaître votre terrain sous toutes ses coutures, à savoir :

- **Le climat :** les températures moyennes et les extrêmes, les précipitations (leur quantité et leur répartition sur l'année ainsi que leur saisonnalité), les facteurs variant avec les saisons, la zone climatique dans laquelle se trouve votre terrain (zone tempérée, tropicale, aride ou polaire), le microclimat auquel est sujet le terrain (où l'on s'intéressera à l'orientation de la pente, l'orientation solaire, les flux d'air, la végétation qui peut influencer le climat...).
- **Le type de sol :** sa texture, sa porosité, sa couleur, les différents horizons, sa perméabilité, le compactage.
- **Le bassin versant :** les aquifères (nappes d'eau souterraines), les sources, les eaux de ruissellement.
- **La faune et la flore** déjà présentes sur les lieux, auxquelles il vous faudra bien entendu vous adapter.

À NOTER

Il ne faudra jamais tenter d'aller à l'encontre de ce qui représente l'essence même de votre terrain, sous peine d'échec ou d'efforts inutiles et fatigants. D'ailleurs, si vous comptez investir un lieu de grande envergure, vous remarquerez sans doute différents microclimats auxquels il faudra vous adapter au cas par cas. Vous devrez également prendre en compte les ressources à disposition (points d'eau), les problématiques et les facteurs limitants (pollution, vent, etc.).

Apprenez à connaître votre sol

Pour déterminer la composition de votre sol, vous pouvez opter pour une solution radicale mais un peu onéreuse : l'analyse chimique. Ou alors, mettre un peu la main à la pâte et apprendre à connaître votre terrain par vous-même. Vous pourrez ainsi déterminer sa composition en observant la granulométrie (l'aspect de la terre, sa texture) et les plantes qui y poussent déjà.

1. **Testez sa composition**

Vous pouvez, au choix :

- faire le test de la pâte à tarte ;
- faire le test du boudin.

LE TEST DE LA PÂTE À TARTE

Prenez une poignée de terre humidifiée et utilisez une bouteille pour l'étaler comme une pâte à tarte. L'épaisseur de la pâte que vous parviendrez à obtenir, sans qu'elle se brise, vous indique la texture de votre sol :

- sol argileux : moins de 3 mm d'épaisseur ;
- sol limoneux : de 3 à 5 mm d'épaisseur ;
- sol sableux : impossible d'étaler la pâte sans la briser.

LE TEST DU BOUDIN

Il suffit de prendre une poignée de terre et d'essayer de lui donner une forme de boudin :

› Si le sol s'émiette, c'est sûrement un sol sableux.

› Si vous pouvez former une sorte de boudin mais qu'il se décompose en plusieurs morceaux de terre et semble fragile, c'est de la terre limoneuse.

› Enfin, si vous arrivez à faire un boudin parfait grâce à une terre souple et malléable, c'est sûrement une terre argileuse.

2. Testez son acidité

Prélevez un échantillon de terre à 20-30 cm de profondeur (là où les plantes puisent leurs nutriments), puis versez dessus un peu de vinaigre blanc. Observez la réaction :

- S'il ne se passe rien, le sol est **acide**.
- S'il y a une toute petite réaction, le sol est **neutre**.
- Si vous avez un résultat effervescent (ça semble bouillonner), le sol est **calcaire**.

3. Observez la végétation présente

Dans les sols lourds, vous pouvez trouver des renouées persicaires, des chardons, du laiteron ou encore de l'agrostis rampant.

Dans les sols légers, vous pouvez trouver les pensées des champs ou l'anthémis des champs.

Dans les sols acides, vous pouvez trouver de la bruyère, des fougères, du genêt à balais, de la petite oseille, de la digitale pourpre, de l'ajonc, des châtaigniers.

Dans les sols calcaires, vous pouvez trouver de la chicorée sauvage, de l'ellébore, de la moutarde des champs, du sainfoin, de la sauge des prés, du viorme, des cerisiers, des ormes et des sureaux.

QUELLES SONT LES INCIDENCES DE CES COMPOSITIONS ?

› **Les sols argileux** : ce sont des sols lourds. Ils se réchauffent lentement et se fendillent en cas de sécheresse. Par contre, ils retiennent bien l'eau et les engrais. Vos apports de matières organiques doivent être copieux mais espacés dans le temps.

› **Les sols limoneux** : ce sont des sols qui sont à la fois argileux et sablonneux. Ces sols se tassent facilement. Il faut y prévoir des engrais verts et une couverture du sol. Les cultures légumières et les arbres fruitiers sont tout désignés pour ce type de sol.

› **Les sols sablonneux** : ce sont des sols légers. Ils se réchauffent facilement et permettent des cultures précoces. Cependant, ces sols sont pauvres en matières organiques. C'est pourquoi les apports en fumiers, composts, feuilles mortes ou coupes d'herbe doivent être fréquents. Ces sols sèchent rapidement. De plus, ils sont souvent acides. Il est donc intéressant d'utiliser des amendements calcaires. Par contre, les engrais verts y sont déconseillés.

Néanmoins, j'attire votre attention sur le fait que les sols ne sont jamais totalement argileux, sablonneux ou limoneux et peuvent présenter différents échantillons de chaque. À vous d'observer en détail la spécificité et la diversité de vos sols.

› **Les sols acides** : les sols acides pourront bénéficier d'amendements calcaires et d'engrais organiques riches en calcium.

› **Les sols calcaires** : les sols calcaires pourront bénéficier d'engrais verts comme la moutarde. Vous pouvez également tester un BRF (voir ci-après) composé de résineux qui aidera à acidifier le sol.

À NOTER

« BRF » signifie bois raméal fragmenté. Cette technique utilise le bois des rameaux d'arbres découpés en petits fragments. Elle représente plus qu'un simple paillis, car elle permet le développement des champignons (mycélium) et la création d'humus stable afin de développer la fertilité du sol.

L'importance de la richesse des sols

La richesse du sol est tout aussi intéressante que sa composition. Elle est déterminée par sa **teneur en humus** : il s'agit des **matières organiques stables**. Celles-ci représentent environ 85 % des matières organiques présentes dans vos sols (les 15 % restants représentent des matières organiques en cours de décomposition).

Dans les sols riches en humus, vous pourrez trouver : petites et grandes orties, chénopodes, amarantes, chiendent, arroches, lamiers blancs et lamiers pourpres, sureau noir, mouron blanc, mercuriale annuelle.

Néanmoins, même si vous avez la chance d'avoir un sol riche, il convient d'**y ajouter régulièrement de la matière organique pour l'entretenir** : en effet, pour bénéficier d'une croissance rapide de vos plantations, il faudra conserver un sol riche en humus.

LE CONSEIL MALIN

Toutefois, si votre sol est vraiment très pauvre en humus, difficile à travailler et caillouteux, vous pouvez contourner ce problème en partant sur un potager en lasagnes (nous l'aborderons plus loin).

Une fois cette étape terminée, vous pouvez passer à la conception du design. Mais attention, **cette phase d'observation est très importante, et plus elle sera longue, meilleures seront vos chances de réussite.**

Si vous êtes pressé (ou plutôt enthousiaste) et que vous avez envie de vous y mettre au plus vite, prenez conseil auprès de personnes référentes ou, mieux, suivez une formation en permaculture. Aujourd'hui, des associations proposent de plus en plus de formations allant de quelques heures à plusieurs semaines selon vos envies et vos besoins.

3. QUEL TYPE DE DESIGN CHOISIR ?

Cette question est la plus épineuse ; pourtant, c'est celle qui va vous permettre d'entrer dans le vif du sujet. Le problème, c'est qu'il n'y pas de design type. Chaque design sera forcément unique car adapté aux spécificités de chaque projet.

Néanmoins, pour créer un bon design, il faut mettre en relation les éthiques et lois naturelles avec votre contexte personnel. La phase d'assemblage des éléments consiste à **réunir tous les éléments observés et à les lier à vos objectifs**. Il faut réellement tout planifier de bout en bout, comme un processus.

Quelques conseils à suivre :

- **Partez d'abord de grandes structures** avant d'aller vers les détails.
- **Utilisez et valorisez les ressources renouvelables** à votre disposition **ainsi que la biodiversité présente.**
- Privilégiez les **petits systèmes intensifs** et les **solutions lentes.**

- Pensez à **intégrer** plutôt qu'à séparer.
- **Un élément doit remplir plusieurs fonctions et plusieurs fonctions doivent être remplies par plusieurs éléments.** Par exemple, une ruche va permettre de féconder les plantes avoisinantes et va également produire du miel. Ou bien on peut assurer l'irrigation par une citerne qui récupère l'eau de pluie et par une mare proche des plantations.
- Votre projet doit **s'autogérer** ou presque, c'est-à-dire qu'un travail à fournir de votre part correspond forcément à un système que vous n'avez pas encore mis en place dans votre projet.
- Pensez à conserver l'énergie **en recyclant**.
- Placez chaque plantation **en compagnonnage** avec les autres.
- Et surtout, travaillez **avec la nature**, pas contre elle !

Un design par type de sol et par objectif

Pour résumer, votre design doit être créé selon deux critères principaux : le **type de sol** et **vos objectifs**. Les objectifs, vous les avez déjà fixés pendant la première phase. Quant au type de sol, vous en avez fait l'observation durant la seconde phase.

Pour vous y aider, voici quelques types de designs parmi les plus courants.

En butte

Le potager en butte est souvent cité en permaculture comme étant la solution miracle. En effet, cette technique permet de **ne pas vraiment prendre en compte la nature de vos sols** et d'éviter ainsi les désagréments qui y sont liés. Pour cela il vous faudra « créer » un nouveau sol.

LES ÉTAPES À SUIVRE

› Tondez l'herbe sur toute la surface que vous souhaitez utiliser.
› Déposez des cartons sur toute la surface souhaitée et mouillez-les, de préférence sur des plates-bandes de 120 cm de large et sur la longueur souhaitée.
› Déposez ensuite, dans le sens de la longueur, des troncs, bûches et rondins sur une largeur de 60 à 70 cm afin de former un premier tas.
› Recouvrez-les avec des branches, des déchets de taille, des feuilles mortes et de la paille afin d'élever la butte, qui doit commencer à prendre forme, à plus de 70 cm.
› Hydratez ces matières qui sont plus sèches que les tontes en les arrosant copieusement.
› Ensuite, décapez des plaques de gazon et posez-les à l'envers (la partie herbacée vers le bas) sur la butte. Elles éviteront à la couche de terreau de se disperser dans les branchages.
› Appliquez enfin une couche de 15 à 20 cm de terreau de compost que vous façonnez en dôme à l'aide d'une pelle. Le compost servira de lit d'enracinement aux futurs semis et plantations.

Une fois en place, votre butte potagère durera plusieurs années, les racines des légumes puisant les éléments nutritifs dont elles ont besoin dans le bois en décomposition.

En lasagnes

Le potager en lasagne permet de **cultiver un sol a priori difficilement cultivable** (un sol caillouteux, par exemple), tout cela grâce à de la récup' !

LES ÉTAPES À SUIVRE

› Tondez l'herbe sur toute la surface que vous souhaitez utiliser.
› Directement sur le sol, commencez par étaler une couche de branchages grossièrement brisés. Des tailles d'arbustes feront parfaitement l'affaire.
› Ensuite, disposez une couche de végétaux bruns (par exemple des feuilles mortes, de la vieille paille, des litières d'animaux fermiers...).
› Disposez ensuite une couche de végétaux verts (tonte de gazon, herbes arrachées, etc.).
› Alternez ainsi les couches de déchets végétaux jusqu'à obtenir une hauteur de 20 à 30 cm.
› Arrosez bien la lasagne pour qu'elle soit mouillée à cœur.

À partir de maintenant, les micro-organismes vont aider à la décomposition et au mélange des couches vertes et brunes, ce qui va donner un sol très riche. Le jour même, vous pouvez commencer vos plantations de tubercules de pommes de terre, enfoncés à une dizaine de centimètres de profondeur, puis recouverts d'un peu de compost.

À NOTER

Les lasagnes sont bien adaptées pour des plants de légumes gourmands : tomates, aubergines, pommes de terre, choux. Comme la composition de la lasagne est assez grossière, elle n'est pas vraiment adaptée aux semis, à moins d'ajouter une petite couche de terreau au-dessus.

Le jardin-forêt

Un jardin en forêt, comme son nom l'indique, est un jardin **inspiré de la biodiversité naturellement présente dans une forêt.** Ce genre de culture existe depuis toujours dans les tribus autochtones et a comme principal avantage qu'un petit espace peut produire beaucoup avec des associations faciles à mettre en place.

À NOTER

Pour bien démarrer votre jardin-forêt, vous devez impérativement suivre toutes les étapes d'objectifs, d'observation et de découverte de vos sols, du climat, etc. Soyez également conscient que l'installation d'un tel système se fait sur plusieurs années.

Comme dans les écosystèmes, le jardin-forêt se compose de **7 strates de végétations qui interagissent entre elles** :

- les arbres et arbustes de plein soleil (tous les fruitiers greffés) ;
- les arbustes qui tolèrent la mi-ombre (sureaux, noisetiers, amélanchiers...) ;
- les arbrisseaux (cassis, groseilliers à grappes, maquereaux...) ;
- les vivaces (rhubarbe, poireaux perpétuels, artichauts...) ;
- les annuelles et bisannuelles (chou kale, blettes, mâches...) ;
- les plantes grimpantes (kiwis, vignes, ronces fruitières...) ;
- les champignons (pleurotes, shiitake...).

Voici les étapes à suivre :

- **Plantation des arbres et des arbustes de plein soleil :** renseignez-vous sur les arbres naturellement présents dans votre région. Arbres de grande taille (pour les grands terrains) : châtaigniers, noyers, cormiers, plaqueminiers, alisiers, pacaniers. Arbres et arbustes de taille moyenne : pommiers, poiriers, cerisiers, pêchers, abricotiers, figuiers, néfliers, pruniers, asiminiers, aubépines fruitières, cognassiers, argousiers.
- **Plantation des arbustes et arbrisseaux qui tolèrent la mi-ombre :** à la lisière des grands arbres, vous pourrez planter des sureaux, des noisetiers, des cornouillers mâles. Entre les arbres de taille moyenne, vous pourrez planter des arbustes de plus petite taille comme le cognassier de Cathay

ou l'amélanchier à feuille d'aulne. Mais aussi des cassis, des groseilliers à grappes et à maquereaux.

- **Plantation des arbustes fixateurs d'azote :** certains végétaux fixent l'azote atmosphérique. En les plantant entre vos arbres, ils enrichiront le sol et favoriseront leur croissance. Le goumi du Japon et l'éléagnus ebbingei sont deux arbustes fixateurs d'azote intéressants pour leurs fruits et pour leurs fleurs très mellifères.
- **Plantation des vivaces :** aromatiques, plantes sauvages comestibles, légumes perpétuels sont à planter autour de vos arbres fruitiers. Certaines espèces couvre-sol comme le fraisier sauvage et l'ail des ours peuvent être plantées sous l'ombre des grands arbres. Vous pourrez également planter des topinambours car ils tolèrent bien l'ombre – le seul défaut est qu'ils peuvent devenir envahissants ! Sous vos fruitiers de taille moyenne, vous pourrez cultiver du chénopode bon-Henri, du cerfeuil musqué, de l'oseille, des poireaux perpétuels, du chou Daubenton, des orties, du fenouil vivace, de la mélisse, des artichauts, de la rhubarbe. À la lisière sud de votre jardin-forêt, vous pourrez cultiver des framboisiers.
- **Plantation des annuelles et bisannuelles :** lorsque vos arbres auront atteint une taille suffisante, il sera possible de semer des petits pois, de la mâche et des haricots grimpants sous vos fruitiers de taille moyenne. L'avantage des légumineuses comme les petits pois est qu'elles fixeront l'azote atmosphérique et le restitueront à vos arbres. Certains légumes qui apprécient la mi-ombre, comme les betteraves, les choux kale, les blettes ou les panais, pourront être cultivés entre vos arbres.

À NOTER

Il faut éviter de cultiver des légumes racines dans un rayon de 2 mètres autour des arbres afin de ne pas abîmer leurs racines lors de l'arrachage.

- **Plantation des grimpantes :** la mise en place des grimpantes intervient au bout de quelques années lorsque les arbres ont assez de vigueur pour servir de support. Seuls les arbres les plus vigoureux pourront accueillir des grimpantes, comme les châtaigniers, les noyers, ainsi que les fruitiers greffés sur porte-greffes vigoureux. La vigne Isabelle (*Vitis labrusca*), une variété de vigne américaine résistante et très vigoureuse, pourra être plantée au pied des grands arbres. La ronce fruitière (loganberry) et toutes les variétés de kiwis sont également intéressantes.
- **Plantation des champignons :** la culture des champignons se fera dans l'endroit le plus humide du jardin-forêt, à l'ombre des grands arbres. Plusieurs espèces comme les shiitake ou les pleurotes pourront être cultivées sur rondins de bois ou dans de la sciure inoculée de mycélium. Grâce à un biotope varié et à l'humidité du sol maintenue par l'ombre des fruitiers, vous récolterez aussi des espèces sauvages de champignons comestibles.

LE CONSEIL MALIN

Pour vous aider dans la mise en place de votre jardin-forêt, voici une vidéo explicative très instructive du blog http://permacultureetc.over-blog.com :
https://www.youtube.com/watch?time_continue=125&v=W4k_ibnOnGM

Voilà donc quelques techniques de potagers en permaculture. Mais, bien entendu, il ne faut surtout pas oublier que chaque terrain a ses propres spécificités et c'est à vous de vous y adapter et d'y adapter le design approprié.

LES TECHNIQUES DE BASE DE LA PERMACULTURE

Pour débuter, voici quelques techniques essentielles qu'il vous faut connaître pour entretenir votre potager en permaculture.

- **Le mulch.**

Un grand principe à retenir en permaculture : **il ne faut jamais laisser votre sol nu.** C'est pourquoi il est fortement recommandé de le « mulcher », c'est-à-dire de **le couvrir pour garder l'humidité et permettre ainsi une meilleure nutrition de vos plantes.** De plus, cela empêchera les « mauvaises » herbes de pousser. Le mulch peut être constitué de différents composés organiques (comme des espèces couvre-sol – dont le fraisier des bois dont on a parlé plus haut) ou minéraux (comme la pierre ou l'ardoise, les végétaux telle la paille, des copeaux de bois ou encore du carton comme cité dans la technique des buttes – voir p. 231).

- **Pensez toujours récupération !**

Utilisez, autant que possible, **ce que vous avez déjà à votre disposition** :

– pour le mulch, utilisez les coupes de votre gazon, des feuilles mortes ou même le compost de votre jardin ;

– pour les points d'eau, pensez à utiliser tout ce qui est déjà disponible, comme vos gouttières, l'eau de pluie, une mare présente sur le terrain, etc.

- **L'économie doit être votre mojo.**

Un jardin en permaculture est un jardin qui s'entretient presque tout seul. Chaque effort que vous devez fournir correspond forcément à un système que vous n'avez pas encore mis en place. Économisez donc votre temps et votre argent en faisant les choix adéquats relatifs à vos objectifs et à l'observation de votre terrain.

- **Le compagnonnage.**

Le compagnonnage est le fait de créer des associations bénéfiques de plantes mais aussi de tout ce qui constitue un jardin en permaculture : l'eau de la mare des canards est une eau nutritivement riche pour les plantations ; un poulailler (voir p. 204) accolé à une serre favorisera les échanges thermiques.

À NOTER

Une rotation des cultures sera également importante pour ne pas vider le sol de ses nutriments tout au long de ce projet : ainsi, les différentes plantes qui se succéderont puiseront différents nutriments, et donc permettront à ceux qu'elles ne prennent pas de se reconstituer.

L'association positive des plantes va vous permettre d'économiser du travail pour une production plus que surprenante !
(Téléchargez nos tableaux de propriétés des plantes et les associations à favoriser ou éviter p. 285.)

- **Pensez petit** !

Même si, pour construire votre design, vous devez d'abord partir d'une vue d'ensemble pour ensuite entrer dans le détail, votre projet doit toujours commencer petit, et notamment assez petit pour que vous puissiez vous amuser sans vous fatiguer.
L'avantage, avec la permaculture, c'est qu'en assemblant un grand nombres d'espèces dans un petit endroit, vous aurez des résultats bien plus conséquents et intéressants qu'avec un potager dit « classique ».

- « ***No dig garden*** ».

Cette expression anglophone signifie qu'il ne faudra **jamais bêcher ou retourner la terre**. En effet, votre sol est déjà riche et intéressant tel qu'il est et, surtout, il faut impérativement sauvegarder la vie qui l'habite, comme les vers de terre qui font un travail remarquable (ils aèrent le sol et aident à le nourrir et à le fertiliser).

Nous avons fait là un tout petit tour d'horizon des principes et techniques de la permaculture mais, bien entendu, ce chapitre est loin d'être exhaustif. Pour aller plus loin, n'hésitez pas à consulter des ouvrages et des sites Internet à ce sujet (voir nos suggestions dans l'encadré « Pour aller plus loin... » ci-après).
(Sources pour la rédaction de ce chapitre : infos générales www.permaculturedesign.fr et David Kapfer.)

POUR ALLER PLUS LOIN...

Quelques sources d'information sur ce qu'est la permaculture et sur la meilleure façon d'exploiter sainement et naturellement votre jardin :

→

› https://reporterre.net/Ca-y-est-J-ai-compris-ce-qu-est-la-permaculture
› https://www.fermedubec.com/la-permaculture/
› www.permaculteurs.com (portail francophone pour mettre en réseau les permaculteurs et échanger des infos, de l'entraide, des formations, des ateliers, etc.)
› www.permatheque.fr (portail de ressources sur la permaculture avec de nombreux conseils pour débuter, la liste des événements près de chez vous, des ressources documentaires et un forum pour échanger)
› www.rustica.fr, rubrique « Articles / Permaculture »
› www.potagerdurable.com (blog très complet sur la permaculture, agrémenté de cours en vidéo)
› www.jardinpermaculture.com (journal de bord sur la permaculture, les connaissances de base du jardinier bio, un calendrier lunaire, l'aquaponie et bien d'autres choses encore !)
› www.unpotagernature.fr (tout pour démarrer et entretenir un potager bio 100 % naturel, des fiches de culture, des conseils pour fertiliser ses sols, etc.)

Nous vous conseillons également quelques bons ouvrages sur le sujet :
› *Permaculture* : *Guérir la terre, nourrir les hommes*, de Perrine et Charles Hervé-Gruyer (Actes Sud, 2017)
› *Permaculture, le guide pour bien débuter*, d'Annie Lagueyrie (Rustica éditions, 2015)
› *La forêt-jardin*, de Martin Crawford (Ulmer, 2017)
› *Les bonnes associations au potager*, de Noémie Vialard (Rustica éditions, 2007)

Vous trouverez enfin, sur Facebook, des groupes d'entraide et d'échange au sujet de la permaculture en tapant « permaculture » dans le champ de recherche du site.

Chapitre 3

Je chouchoute la planète

Quelle fierté lorsque l'on constate l'impact positif de nos efforts en matière de zéro déchet ! On prend conscience de tous ces sacs-poubelle qui n'ont pas été remplis, qui n'ont donc pas été brûlés ou enfouis, et on se sent bien. On se balade la tête haute, fier de notre contribution à la sauvegarde de la planète, et avec l'âme d'un super-héros. Puis soudain, on trébuche sur une canette de soda balancée par une personne beaucoup moins soucieuse de la loi et de l'environnement.

À NOTER

Jeter des déchets (même un simple mégot) sur la voie publique est **interdit** et peut être sanctionné d'une amende de 68 euros. Cela dit, sachez que **les mégots peuvent être recyclés** ! Vous pouvez proposer à votre entreprise ou votre commune d'installer une borne à recycler les mégots. Et il existe des bornes pour différents types de déchets qui ne sont habituellement pas concernés par les collectes traditionnelles.
Plus d'informations :

- http://www.terracycle.fr/fr/zero_waste_boxes
- http://www.greenminded.fr/la-borne-to-recycle/

À ce moment-là peut survenir une phase de découragement. On s'est donné tant de mal pour éviter les déchets, on a complètement changé nos habitudes, réfléchi à mettre en place des solutions durables. Tout ça pour que le reste de la population se moque de nos « manies écolos » et continue de jeter tout et n'importe quoi n'importe où. C'est désespérant, il faut bien l'avouer. On peut en arriver à baisser les bras et à se dire que, de toute façon, à nous seul, nous ne pourrons pas changer le monde.

Eh bien moi et tous les « écolos » du zéro déchet vous dirons le contraire !

LA PART DU COLIBRI

Connaissez-vous la légende du colibri, allégorie qu'affectionnent particulièrement les « zéro wasteurs » et qui a mené à la création du Mouvement Colibris par Pierre Rabhi ?
« *Un jour,* dit la légende, *il y eut un immense incendie de forêt. Tous les animaux terrifiés, atterrés, observaient, impuissants, le désastre. Seul le petit colibri s'activait, allant chercher quelques gouttes avec son bec pour les jeter sur le feu. Après un moment, le tatou, agacé par cette agitation dérisoire, lui dit : "Colibri ! Tu n'es pas fou ? Ce n'est pas avec ces gouttes d'eau que tu vas éteindre le feu !" Et le colibri lui répondit : "Je le sais, mais je fais ma part."* »

Nous faisons chacun notre part, et ce sont les gouttes que nous représentons qui finissent par former un lac, puis une mer, et pourquoi pas un océan ? Alors en attendant que d'autres rejoignent notre cause, soyons proactifs !

À L'ASSAUT DES RUES !

Je sais que ce n'est pas forcément évident de se promener sac et gants à la main pour ramasser les détritus que d'autres ont jetés par terre. Néanmoins, si le monde entier se mettait à ramasser ne serait-ce qu'un déchet par jour, imaginez l'impact à l'échelle de la planète ! Alors faisons notre petite part de colibri et essayons de commencer avec **un déchet par jour** – une canette, une bouteille en plastique, un papier. Et profitons-en pour apprendre à nos enfants à faire de même. Pourquoi ne pas proposer, par exemple, une journée de chasse au trésor dans toute la ville sous forme de ramassage des déchets ? Ou bien à la plage, à la campagne ou en forêt ?

LE CONSEIL MALIN

Pour une chasse aux déchets ludique et motivante, **téléchargez l'application smartphone Hoali** ! Avec cette application, chaque fois que vous ramassez des déchets sauvages, vous pouvez les enregistrer et ainsi prendre conscience de l'impact de votre geste sur l'environnement. Elle vous propose également une cartographie des poubelles autour de vous pour trouver la plus proche, ou vous permet d'enregistrer une poubelle qui ne serait pas listée. L'application fournit aussi de précieux conseils de tri, vous permet de partager vos actions sur les réseaux sociaux pour sensibiliser vos contacts, et même de créer une tribu d'éco-citoyens pour se motiver les uns les autres. Ludique, participatif, pratique !
Plus d'informations sur **www.hoali.org**.

DES PRÉCAUTIONS INDISPENSABLES

Quelle que soit et où que soit la collecte de déchets que vous faites, prenez toutefois quelques précautions, à plus forte raison si vous faites le ramassage avec des enfants :

› Portez des **gants de protection épais**, comme des gants de jardinage, afin d'éviter de vous piquer, de vous entailler ou de vous faire toute autre blessure qui pourrait facilement s'infecter, ainsi qu'un **pantalon épais** qui ne se transperce pas facilement et des **grosses chaussures** (chaussures de montagne ou bottes).

› Emportez avec vous **plusieurs sacs** afin d'effectuer sur place un tri des déchets ramassés.

› Utilisez des **sacs solides et épais**, qui ne risquent pas de craquer ou de se déchirer facilement et qui pourraient blesser, à la jambe par exemple, ceux qui les portent.

› Ayez toujours sur vous une **trousse de premiers soins**, avec notamment du désinfectant, des pansements, du sparadrap et des bandes de gaze.

› **Ne vous aventurez pas dans des zones difficilement accessibles ou dangereuses.**

› **Ne ramassez pas les déchets suspects**, type **déchets médicaux**, seringues, aiguilles, préservatifs, médicaments, tubes, etc., ou les **produits toxiques** ou **non identifiables**, car il existe un vrai danger de contamination ou de pollution. Signalez leur présence à votre mairie, qui se chargera de les faire collecter par du personnel habilité.

› Les jeunes enfants doivent **impérativement être accompagnés d'un adulte** ; avec les plus grands, la surveillance d'un adulte reste nécessaire pour identifier les risques éventuels.

› Après la collecte, veillez à ce que tous les participants **se lavent soigneusement les mains** (même s'ils ont porté des gants).

Et si on nettoyait tous ensemble ?

De nombreux organismes, associations, communes, etc., organisent régulièrement des **actions collectives de nettoyage**. Les gros avantages de ces actions communautaires :

- Tout est encadré, vous êtes assuré que les précautions d'usage seront respectées et que la collecte se fera **en toute sécurité**.
- Nettoyer en groupe, c'est **très motivant** et cela vous donnera l'occasion de **rencontrer des gens** qui ont les mêmes valeurs écologiques que vous !

Renseignez-vous auprès de votre mairie ou des associations de protection de la nature de votre département.

Les associations suivantes organisent ou recensent des collectes sur l'ensemble du territoire :

- **Association OSE** (Organe de sauvetage écologique) : http://www.oseonline.fr/calendrier.php
- **Let's do it France** (site Internet qui gère les inscriptions pour la France au World Clean Up, une journée mondiale de nettoyage de la planète) : www.letsdoitfrance.org
- Site Internet d'actions éco-citoyennes de la **Fondation Nicolas Hulot**, listant de nombreuses actions de bénévolat nature partout en France : www.jagispourlanature.org
- La **Surfrider Foundation Europe** propose des collectes de déchets aquatiques sur l'ensemble des littoraux français : www.initiativesoceanes.org
- Le **Mouvement Colibris** (voir p. 248) propose une carte collaborative listant plus de 10 000 acteurs du changement durable, à laquelle vous pouvez contribuer : https://www.colibris-lemouvement.org/passer-a-laction/agir-quotidien/carte-pres-chez-vous

Je ne jette pas mes déchets par terre !

Et bien entendu, si vous ramassez les déchets des autres, ce n'est pas pour en rajouter vous-même !

Soyez donc **prévoyant** et emportez toujours avec vous, en sortie, promenade ou même pour faire de simples courses, de quoi **récupérer vos propres déchets** :

- Ayez toujours un **petit sac-poubelle** sur vous, dans une poche ou votre sac, ainsi que dans le coffre de votre voiture.
- Si vous êtes fumeur, investissez dans un petit **cendrier de poche** : pour moins d'une dizaine d'euros, vous aurez un petit récipient esthétique, durable et pratique qui vous évitera à l'avenir de jeter le moindre mégot par terre (même en ville, ce n'est pas moins polluant sous prétexte que vous les jetez sur le bitume ou dans le caniveau, et c'est illégal – voir p. 241). Vous en trouverez de très jolis sur www.mon-cendrier-de-poche.com. Sinon, écrasez proprement votre mégot par terre et glissez-le dans votre paquet de cigarettes.

À NOTER

Saviez-vous que, chaque année, 72 milliards de mégots de cigarettes sont jetés dans la nature ? Et qu'un seul mégot met plus d'une dizaine d'années à se décomposer (en sachant qu'ils ne sont pas biodégradables et que les substances qu'ils contiennent se diluent ensuite au contact de l'eau ou du sol) ?

JE M'ENGAGE POUR LA PLANÈTE

Pour que les gouttes d'eau forment un océan, il faut les regrouper ; pourquoi ne pas vous engager plus en avant pour la planète **en adhérant à une ou plusieurs associations** ? L'intérêt en est grand :

- En rejoignant une association (et pourquoi pas en encourageant vos proches à le faire avec vous), vous augmentez le nombre de ses adhérents ; ainsi, comme dans un bureau de vote, vous lui donnez votre voix, votre soutien et **lui permettez de peser plus lourd** face aux politiques, aux multinationales, aux collectivités et à tous les organismes étatiques. **C'est un engagement citoyen qui a du sens.**
- Vous serez **tenu informé des diverses actions** menées par cette ou ces associations, pourrez les relayer et/ou y participer.
- Suivre leurs actualités **vous apprendra sûrement beaucoup de choses**, vous serez tenu au courant des dernières nouvelles environnementales, serez sensibilisé à plus de choses, tomberez sur des conseils, astuces ou bons plans pour aller plus loin dans votre démarche zéro déchet, plutôt que de devoir chercher toutes les informations tout seul.
- Enfin, **vous ferez partie d'une communauté**. Vous vous sentirez moins seul, pourrez demander du soutien, serez épaulé si vous vous découragez. Vous verrez en tous les cas les autres agir au quotidien, et garderez à l'esprit que vous êtes nombreux à vous mobiliser et que **ce que vous faites à votre échelle n'est pas vain, puisque cela s'inscrit dans une dynamique collective plus large.**

QUELLES ASSOCIATIONS PUIS-JE SOUTENIR ?

À vous de trouver la ou les associations dont les actions et valeurs vous correspondent vraiment, qu'elles soient locales ou nationales, mais nous pouvons déjà vous recommander les associations reconnues suivantes :

– **Mouvement Colibris** (mouvement fondé par Pierre Rabhi qui œuvre pour inspirer la société de demain, sensibiliser et mobiliser les citoyens, favoriser les échanges autour du changement durable, relayer et soutenir les actions citoyennes en faveur de l'humain et de l'environnement ; des antennes locales existent un peu partout en France) : www.colibris-lemouvement.org

– **Alternatiba** (ensemble de collectifs qui organisent des villages d'échanges, des ateliers, conférences, expositions sur le thème des alternatives au changement climatique et à la crise énergétique) : https://alternatiba.eu

– **France Nature Environnement** (Fédération française de plus de 3 500 associations de protection de la nature, de l'humain et de l'environnement) : www.fne.asso.fr

– **Agir pour l'environnement** (association citoyenne nationale de protection de l'environnement qui agit pour faire pression sur les décideurs économiques et politiques par le biais de mobilisations citoyennes) : www.agirpourlenvironnement.org

– **OSE** (Organe de sauvetage écologique, qui met en place des actions de nettoyage et de protection de l'environnement, et sensibilise le public aux questions écologiques) : www.oseonline.fr

– **Terre de liens** (association qui accompagne les agriculteurs dans l'accès aux terres et qui favorise le développement d'une agriculture biologique et d'une économie solidaire, dans le respect de l'humain et de la terre ; vous pouvez vous-même investir en faveur de l'agriculture biorespectueuse et durable) : https://terredeliens.org

– **Sea Shepherd Conservation Society** (organisation internationale à but non lucratif qui agit pour la protection de la flore et de la faune marines) : www.seashepherd.fr

Je donne ma voix à des causes qui me touchent

Outre votre engagement dans une ou plusieurs associations, vous pouvez aussi simplement **donner votre voix** (et donc plus de poids) **aux diverses pétitions** qui circulent régulièrement sur la Toile :

- Le site **Cyberacteurs** (www.cyberacteurs.org), par exemple, vous permet de suivre toute l'actualité écologique et de signer des pétitions ou de participer à des cyberactions en ligne pour la sauvegarde de la planète.
- **Greenpeace France** présente régulièrement des actions et pétitions auxquelles vous pouvez donner votre voix ; leur site Internet vous permet de vous inscrire à leur newsletter afin d'être tenu informé de leurs mobilisations et combats : http://www.greenpeace.org/france/fr/
- Le site généraliste **www.change.org** rassemble de nombreuses pétitions en faveur du changement dans tous les domaines, et notamment en faveur de l'environnement (cliquez sur le thème de votre choix en bas à droite de la page d'accueil) ; le site mobilise plus de 178 millions de signataires, et vous pouvez proposer vos propres pétitions.
- Le site **https://lamarqueduconsommateur.com**, qui représente la marque « **C'est qui le patron ?!** », propose une nouvelle façon de consommer plus respectueuse des gens et de l'environnement : vous pouvez contribuer à élaborer, avec d'autres consommateurs, les produits qui seront mis à la vente en grandes surfaces en décidant du prix final et du cahier des charges d'élaboration du produit. Ce système permet de se mettre d'accord sur un prix permettant au producteur de se dégager un salaire tout en favorisant une production la plus éthique et écoresponsable possible. À la clé : des produits bons, sains et respectueux, et des agriculteurs sauvés.

LES BONNES IDÉES DE NOS LECTEURS

› Manu : « Le documentaire *Demain* a été pour moi une vraie claque – positive, bien sûr. J'étais tellement motivé que j'ai organisé des projections privées, afin de toucher nos proches, voisins, collègues. Ça a sensibilisé beaucoup de monde, mieux que n'importe quel discours, et nous a valu de longues soirées passionnantes à imaginer ce que nous pourrions faire tous ensemble pour changer les choses – ce qui nous a tous rapprochés. »

› Marjolaine : « Si jamais j'ai un déchet à jeter quand je suis dehors, et rien pour le jeter, je ne cède pas à la tentation du "pour une fois, je peux bien en jeter un" et je cherche une solution de secours : par exemple, trouver un bout de papier ou de plastique dans mes poches ou mon sac pour y glisser le déchet. Il m'est arrivé de déchirer un petit bout du carton de mon chéquier pour y coller proprement mon chewing-gum, ou bien de récupérer le plastique qui entoure mon paquet de cigarettes pour en faire un mini-sac à déchets ! »

Chapitre 4

Zéro déchet au travail

Maintenant que vous avez mis en place le zéro déchet dans votre vie, que vous avez pris des habitudes dans et hors de votre chez-vous, il est un endroit où vous pouvez aussi agir et encourager à agir en faveur de la planète : sur votre lieu de travail. Si vous faites partie d'une petite société familiale ou, mieux, si vous êtes votre propre patron, il vous sera très aisé d'appliquer les principes du zéro déchet dans votre vie professionnelle. En revanche, si vous faites partie d'une grande société, vous risquez de ne pas pouvoir peser bien lourd dans la balance des décisions écologiques.

Néanmoins, chacun à notre niveau, nous pouvons apporter un peu de zéro déchet dans notre quotidien professionnel.

DANS LE ZÉRO DÉCHET, ON LIMITE… LES DÉCHETS !

Bien entendu, le premier grand principe à mettre en œuvre, c'est de **limiter au maximum les déchets**.

Même si vous n'avez que peu d'incidence sur les démarches écologiques à votre travail, vous avez au moins toute-puissance sur ce que vous y amenez. Soyez bon élève et montrez le bon exemple à vos collègues et supérieurs en leur prouvant que le zéro déchet, même au travail, c'est facile !

On fait des économies d'énergie

Limiter ses déchets ne se limite pas aux déchets palpables ! Les déchets, c'est aussi **l'énergie que l'on gaspille inutilement** et qui épuise les ressources de la planète.

Faites donc comme chez vous et montrez à vos collègues l'exemple avec quelques habitudes simples à prendre, mais bonnes pour l'environnement comme pour le budget de votre entreprise :

- Le soir, si votre entreprise le permet, **éteignez complètement votre poste informatique**, ainsi que votre imprimante, votre fax et/ou votre scanner. Même chose avec le photocopieur commun. Ce qui implique donc de **ne pas les laisser en veille**, car la veille consomme également de l'énergie.

À NOTER

L'extinction totale d'un ordinateur et de l'ensemble de ses périphériques durant la nuit (soit une quinzaine d'heures par jour) réduit la consommation énergétique jusqu'à 60 % (et autant sur la facture).

- Si jamais vous vous rendez compte d'une fuite de robinet ou de chasse d'eau, **prévenez aussitôt le service de maintenance** de votre entreprise – un robinet qui goutte entraîne un gaspillage de 18 m^3, soit une soixantaine d'euros par an ; une chasse d'eau qui fuit perd 220 m^3, soit près de 750 euros par an... De quoi réfléchir et pour la planète, et pour le budget.

- Si le matériel informatique doit être renouvelé, encouragez votre direction à investir dans des **appareils labellisés 80 Plus et/ou Energy Star** – ces labels garantissent des appareils économes en énergie.
- **Ne surchauffez pas votre bureau !** L'hiver, utilisez au maximum l'ensoleillement de la fenêtre pour chauffer la pièce et baissez le store le soir afin de perdre le moins de chaleur possible. À l'inverse, l'été, **n'abusez pas de la climatisation** : en journée, gardez le store baissé autant que possible pour éviter que la chaleur ne rentre et utilisez plutôt un ventilateur ; le soir, ventilez la pièce dès que la chaleur baisse afin de rafraîchir les lieux en prévision de la nuit.
- Pourquoi ne pas proposer à votre direction d'installer des **ampoules basse consommation** ? En plus d'être moins énergivores, elles permettront à votre entreprise de réaliser de vraies économies puisqu'elles durent 12 à 15 fois plus longtemps que les ampoules classiques et consomment 5 fois moins d'électricité.

On mange et on boit durable

Ainsi, boudez ouvertement les gobelets en plastique de la machine à café et amenez votre Thermos de café ou de thé, votre mug réutilisable, votre collation et/ou votre déjeuner Tupperware tous les midis. Bien sûr, ce sera, autant que possible, du fait-maison (restes de la veille, gâteau *home made*, salade composée minute...).

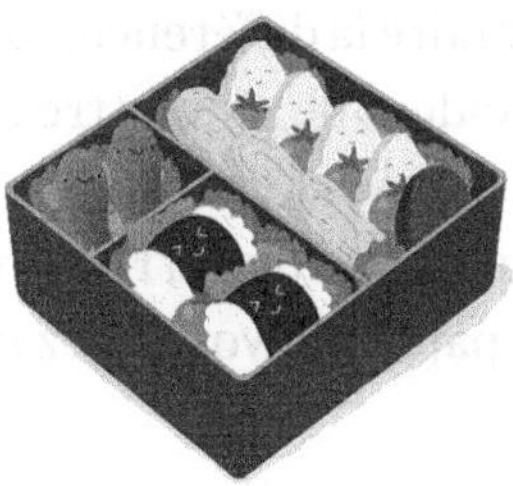

LE CONSEIL MALIN

Et pourquoi ne pas faire découvrir à vos collègues la jolie mode des **bentos**, ces boîtes à lunch japonaises esthétiques, pratiques et idéales pour manger équilibré et en juste quantité ?
Vous trouverez de jolis bentos sans plastique sur https://www.bentoandco.com/collections/sans-plastique, ainsi que des lunch box écologiques sur https://www.greenweez.com/pour-emporter-c992.

Si votre entreprise utilise une machine à café avec dosettes, vous pouvez proposer à votre direction de passer aux **dosettes biodégradables**, comme les dosettes de la marque Casino fabriquées en amidon de maïs ou celles de La Maison du café, ou bien aux **dosettes vides à remplir soi-même**, comme celles de la marque Red Point Source ou le kit Ecospresso. Toutes sont compatibles avec l'ensemble des machines à dosettes, y compris la Nespresso. Et si vous avez besoin d'un argument de poids pour convaincre votre patron, ces dosettes écologiques coûtent de 0,16 à 0,23 centimes d'euro par dosette... ce qui représente plus de 200 euros d'économie sur une année pour une seule personne !

On imprime responsable

Pour limiter plus encore votre impact environnemental, vous pouvez faire quelques efforts sur vos impressions papier au travail. De petites habitudes peu contraignantes à prendre, mais qui peuvent vraiment faire la différence, surtout si vos collègues, vous voyant faire, décident de s'y mettre aussi :

- **N'imprimez que ce qui est vraiment essentiel.**
- Imprimez autant que possible en **recto verso**, pour limiter la consommation de papier. Si vous avez des pages dont seul le

recto a été imprimé, vous pouvez aussi les réutiliser en guise de **brouillons**.

- Imprimez vos documents en **basse qualité** quand le visuel n'est pas essentiel (mode « éco » ou « basse qualité » dans l'interface d'impression), ainsi qu'**en noir et blanc** si la couleur n'est pas indispensable.
- Demandez à votre direction s'il est possible d'investir dans du **papier d'impression recyclé**. La fabrication du papier recyclé demande 20 fois moins d'arbres, 100 fois moins d'eau et 3 fois moins d'énergie que du papier non recyclé. Si votre entreprise choisit bien son fournisseur et négocie sur les quantités, son coût peut être identique au papier non recyclé.

On recherche responsable

Plusieurs moteurs de recherche autres que le géant Google, et qui fonctionnent tout aussi bien, vous proposent aujourd'hui de contribuer à sauver la planète tout en effectuant vos recherches sur Internet :

- **Lilo (www.lilo.org)** vous permet, pour chaque recherche, de cumuler des « gouttes » fictives que vous redistribuez ensuite aux projets écocitoyens de votre choix pour les soutenir financièrement.
- **Ecosia (www.ecosia.org)** plante des arbres en fonction du nombre de recherches que vous effectuez.
- **Ecogine (www.ecogine.org)** vous permet, pour chaque recherche, de reverser des fonds aux associations solidaires de votre choix.

On s'équipe durable

Si le mobilier de l'entreprise arrive en fin de vie ou que vous déménagez, sachez que **Steelcase** propose des solutions clés en main pour **récupérer et recycler ou donner une seconde vie à votre mobilier d'entreprise** (chaises, bureau, armoires, coffres, mais aussi cuisines aménagées, papiers, etc.) : https://www.steelcase.com/eu-fr/services/#reemploi-et-recyclage_notre-offre.

Par la suite, vous pouvez encourager votre direction à investir dans du **mobilier de qualité, durable, mais aussi et surtout labellisé** : Ecocert, Ecolabel européen, NF Environnement, Energy Star (qui garantit des produits favorisant les économies d'énergie), ainsi que du mobilier en bois naturel FSC (issu de forêts gérées durablement).

LE CONSEIL MALIN

Pourquoi s'arrêter au mobilier ? La nourriture de la cantine ou de la salle de repos peut également se composer de produits bio et équitables !

On recycle

De même que vous recyclez à la maison, il est tout à fait possible d'instaurer facilement un **système de tri sélectif** sur votre lieu de travail. Chez vous, ce n'est pas bien compliqué : vous avez deux, éventuellement trois poubelles, et vous triez vos déchets avant de les dispatcher dans les poubelles extérieures correspondantes.

Au travail, proposez également de mettre en place deux ou trois bacs de collecte (selon les directives de tri de la commune) pour que chacun puisse y déposer les bons déchets, et ainsi rediriger une partie de ceux-ci dans le circuit de recyclage.

Parlez également des **cartouches d'encre**, dont votre entreprise fait certainement une utilisation conséquente : des organismes peuvent se charger de les récupérer pour les remplir et leur donner une seconde vie (voir p. 39). Et voyez si votre entreprise ne peut pas elle-même utiliser des **cartouches recyclées** : leur coût est jusqu'à 2 fois moins cher que des cartouches neuves !

Pour les piles, proposez la mise en place d'un **bac de collecte des piles usagées**, où chacun pourra déposer celles qu'il utilise au bureau, mais également à la maison.

LE CONSEIL MALIN

Et si votre entreprise recyclait aussi les canettes, gobelets et autres déchets boissons ?
Un **collecteur Canibal** peut être installé sur votre lieu de travail. La machine reconnaît toute seule le type de déchet et le gère en conséquence : les canettes et les contenants en PET rejoindront le circuit traditionnel de recyclage ; les gobelets seront transformés en Caniplac, une matière constituée à 100 % de gobelets recyclés qui pourra servir dans la rénovation de bâtiments comme plaque isolante, isolant phonique, ainsi que dans la fabrication d'imprimantes, etc. Plus d'informations sur www.canibal.fr.

UN MODÈLE POUR VOTRE ENTREPRISE

Nous vous conseillons l'excellent ouvrage *Le Syndrome du poisson lune*, d'Emmanuel Druon (Actes Sud, 2014). Emmanuel Druon est un chef d'entreprise lillois qui a pris la décision d'instaurer l'économie circulaire dans son entreprise, dans le respect de l'humain et de l'environnement : presque tout y est recyclé, les déchets deviennent ressources, l'entreprise tourne aux énergies renouvelables, est autonome en eau, etc. Un véritable modèle de développement économique et écologique durable qui, en outre, améliore grandement les relations au sein de l'entreprise, et donc l'efficacité au travail. Un guide à laisser entre les mains de votre patron – mais vous pouvez commencer par proposer une projection collective du documentaire *Demain* (voir p. 199) dans lequel l'entreprise d'Emmanuel est justement montrée en exemple. Une belle source d'inspiration !

OUI AUX TRANSPORTS VERTS !

Là où le travail est également générateur de déchets et de pollution, c'est par le biais des transports : nous sommes en effet très nombreux à devoir nous déplacer pour nous rendre sur notre lieu de travail, et nombreux également à prendre pour cela notre voiture.

Comment pouvons-nous faire pour **réduire notre empreinte écologique** ?

- Revenir à l'énergie verte : l'énergie verte, c'est celle qui ne produit aucun déchet… le corps humain, en somme ! Si votre lieu de travail n'est pas trop loin, pourquoi ne pas faire le **trajet à pied ou à vélo** ?

Inutile de préciser les bienfaits indéniables que cela aura sur votre santé.

- La deuxième option, la plus connue, est celle des **transports en commun** : bus, tramway, train, métro, le choix est de plus en plus vaste, désormais. Si besoin, vous pouvez laisser votre voiture sur un **parking-relais** en périphérie de la ville, puis prendre les transports en commun jusqu'à votre lieu de travail.
- Si vous avez vraiment besoin de votre voiture, il y a la solution **covoiturage** ! Eh non, le covoiturage n'est pas uniquement réservé aux trajets longue distance : de plus en plus de plates-formes proposent désormais du **covoiturage journalier sur de courtes distances**, avec des services adaptés à ce type de transport collaboratif spécifique (par exemple, une alerte en temps réel des conducteurs ou passagers sur votre trajet). Voyez notamment du côté des sites Internet www.idvroom.com, www.trajetalacarte.com ou www.wayzup.com.

LES CONSEILS MALINS

› Que vous conduisiez seul ou en covoiturage, saviez-vous que **réduire votre vitesse sur voies rapides** et **conduire de manière plus fluide** pouvait réduire vos émissions de CO_2 de 20 % et vous faire réaliser près de 40 % d'économies de carburant ? Il vous faudra partir un peu plus tôt mais, ma foi, si cela peut en outre vous éviter les bouchons quotidiens... !

› Une bonne manière de réduire la pollution liée aux déplacements domicile-travail, et d'améliorer le bien-être au sein de l'entreprise (donc la qualité du travail), est de **proposer à votre direction d'instaurer le télétravail**, d'autant que la technologie permet aujourd'hui de rester entièrement connecté à son entreprise (télé- et visioconférences, Internet, serveurs de transfert de fichiers volumineux, etc.).

Des transports plus verts aussi dans l'entreprise

Tout au long de votre journée de travail, vous ou vos collègues pouvez être amenés à utiliser des transports polluants, mais là encore, des solutions vertes existent :

- Pour vos déplacements professionnels longue distance, dites à votre patron que **vous préférez le train** à l'avion. Il est beaucoup moins polluant, pour un temps de trajet qui n'est finalement pas plus long, si l'on tient compte du temps d'attente à l'aéroport.
- Pour vos déplacements courte distance, vous avez l'option **transports en commun**, bien sûr, mais saviez-vous qu'il existe aujourd'hui des **taxis verts** dans la plupart des villes ? Vous roulez ainsi dans des véhicules hybrides ou électriques, permettant de réduire votre empreinte carbone.
- Pour les livraisons courte distance, faites appel aux **coursiers verts** : des coursiers qui effectuent leurs livraisons... à vélo ! Là encore, il suffit d'un peu d'organisation pour compenser le surcroît de temps de trajet, mais cela vous coûtera moins cher, et coûtera moins cher à la planète (un bon point supplémentaire pour la réputation de votre entreprise).

LE PLAN DE DÉPLACEMENTS ENTREPRISE

C'est un ensemble de mesures qui permet d'optimiser tous les déplacements liés à l'entreprise dans une démarche écoresponsable. C'est un projet d'entreprise encouragé et soutenu par les collectivités (pouvant bénéficier de subventions), car il est dans l'intérêt de tous. Les mesures peuvent être diverses :

› Inciter les salariés à utiliser l'énergie verte, comme le vélo (installation d'un local à vélos et de douches pour les cyclistes) ou la marche (aides pour habiter près de son lieu de travail).

→

> Encourager le covoiturage (création d'un parking dédié, système de dépannage en cas d'indisponibilité d'un conducteur, mise en relation des covoitureurs en interne).
> Aménagement des horaires de travail.
> Promotion de l'utilisation des transports en commun (par une participation financière aux abonnements, la mise en place d'une navette d'entreprise, etc.).
Pour plus d'infos :
- http://sequovia.com/mettre-en-place-un-plan-de-deplacement-en-entreprise-pde.php
- https://www.mobilitytechgreen.com/plan-deplacement-entreprises/

CONVIVIAL, LE ZÉRO DÉCHET !

Tout comme avec vos voisins ou votre famille, le zéro déchet peut vous permettre de développer de **meilleures relations** avec vos collègues. Proposez un roulement toutes les semaines pour savoir qui ramènera le goûter fait maison de vendredi ou le déjeuner du mercredi, par exemple. Lancez-vous des petits défis culinaires ! Aménagez ensemble votre salle de pause pour qu'elle soit accueillante et qu'elle dispose toujours d'une jolie vaisselle lavable, bien plus sympathique à utiliser.

LES BONNES IDÉES DE NOS LECTEURS

› Joëlle : « J'ai tellement cassé la tête à mon boss avec tous ses voyages qu'il paye maintenant pour des plantations d'arbres en compensation de ses émissions carbone ! »

› Zoé : « On a mis un torchon dans les toilettes pour arrêter les papiers à usage unique. Je laisse traîner mon livre sur le zéro déchet dans la salle à manger commune. Il y a aussi une boîte pleine de sacs plastique en évidence pour que les gens en prennent quand ils vont faire leurs courses. Bref, j'ai réussi à influencer tout le monde. »

› Emma : « Maintenant, on essaye de récupérer les feuilles qui ont un côté blanc pour en faire des brouillons. On a aussi un carnet plutôt que des feuilles volantes pour nos annotations ou quand on a des messages à se laisser. »

› Julien : « Mugs distribués pour les machines à café et proposition de plats à emporter avec les invendus du midi à la cantine. »

Chapitre 5

Je voyage responsable

Voyager pollue. Le tourisme de masse est la première cause de pollution dans des paradis comme les Maldives ou les côtes méditerranéennes. Les déplacements touristiques, en France, génèrent 30 millions de tonnes de CO_2 par an ; dans le monde, ils représentent 20 % des émissions annuelles de gaz à effet de serre. Sans compter les déchets abandonnés en pleine nature : par an, 35 millions de tonnes de déchets solides sont dues au tourisme mondial – notons que l'Organisation mondiale du tourisme prévoit 1,3 milliard de touristes dans le monde en 2020, et 1,8 milliard d'ici 2030...

Il est donc urgent de changer nos habitudes en vacances et d'apprendre à voyager écologique et responsable.

JE CHOISIS MA DESTINATION EN CONSCIENCE

Adopter une démarche zéro déchet, c'est prendre la décision de polluer moins. Les transports (voiture, avion, bateau) d'une manière générale sont source de pollution, et les déplacements touristiques n'échappent pas à la règle.

Pour des transports moins polluants, commencez par **choisir une destination qui vous permette de moins polluer**.

Vous n'êtes pas obligé de voyager loin pour voir de belles choses et faire de belles rencontres ! Privilégiez si possible les **destinations proches**, en France ou dans les pays limitrophes, qui vous permettent de **voyager en train, bus ou covoiturage**.

Mais nous allons voir qu'il est tout de même possible d'aller plus loin en voyageant responsable. De nombreuses agences de voyages sont **engagées en faveur du tourisme durable**, un tourisme qui respecte l'environnement, les populations et l'économie locales ; par exemple :

- www.ecovoyageurs.com
- www.saiga-voyage-nature.fr
- www.visiondumonde.org
- www.neorizons-travel.com

JE FAVORISE DES TRANSPORTS PLUS VERTS

L'une des plus grandes sources de pollution liées au tourisme est celle des émissions de gaz à effet de serre. Il est donc impératif, dans notre démarche de préservation de la planète, **de réduire ou de compenser autant que possible l'impact négatif de nos déplacements sur l'environnement**.

Plusieurs solutions existent pour voyager de façon plus éco-responsable :

- Si votre destination est relativement proche (dans le pays même ou dans un pays limitrophe), pourquoi ne pas opter pour un **mode de transport totalement vert, à savoir la marche ou le vélo** ?

Rien de mieux qu'une belle randonnée de 2 ou 3 semaines pour découvrir une région ou un pays de manière responsable, respectueuse et en prenant pleinement le temps.

LE CONSEIL MALIN

Quelques sites utiles pour planifier vos vacances à vélo :

› Site de la Fédération française de cyclotourisme : www.ffct.org

› Carte des voies vertes en France : www.af3v.org

› Circuits, infos, conseils et bonnes adresses en France : www.veloenfrance.fr

› Liste des EuroVelo routes (véloroutes qui traversent plusieurs pays européens) : https://www.francevelotourisme.com/contenus/decouvrir-la-france-a-velo/eurovelo

Sachez également que les agences d'éco-tourisme citées plus haut proposent de nombreuses destinations centrées sur la randonnée. Et si vous avez besoin de trouver des hébergements ponctuels aux différentes étapes de votre randonnée, optez pour le couchsurfing, qui signifie littéralement « surfer sur les canapés » : ce sont des gens qui vous ouvrent gratuitement leur maison et vous permettent de passer la nuit chez eux. Aucune contrepartie, si ce n'est la confiance et le respect ; il s'agit simplement d'hospitalité et d'échanges humains. Une bonne occasion de leur faire découvrir le zéro déchet, s'ils n'y sont pas déjà sensibilisés ! Plus d'infos sur : http://www.routard.com/guide_dossier/id_dp/81/le_couchsurfing.htm

- Si vous n'avez pas d'autre choix que de prendre votre voiture, pourquoi ne pas tester le **covoiturage** ? Pratique pour diminuer son impact carbone, mais aussi réduire ses dépenses de voyage... tout en favorisant les rencontres et les échanges ! Le site **www.blablacar.fr** vous permet de proposer vos trajets en tant que conducteur ou de chercher des trajets en tant que passager. Le site est sécurisé, les profils sont vérifiés et le paiement du trajet se fait uniquement via la plate-forme en ligne, et non de particulier à particulier. En cas d'annulation de dernière minute, vous êtes dédommagé. De quoi rembourser quasi intégralement votre trajet si vous voyagez avec 3 covoitureurs !

- Enfin, si vous avez choisi une destination lointaine qui vous oblige à prendre l'avion, pas de panique ! Vous avez la possibilité de **calculer les émissions carbone liées à votre voyage et de les compenser financièrement** sur des sites comme https://www.goodplanet.org/action-carbone/, www.co2solidaire.org, www.climatmundi.fr ou www.planete-urgence.org, afin de soutenir des projets éco-engagés.

JE ME LOGE RESPONSABLE

Une fois sur place, votre engagement zéro déchet va également porter sur le **choix de votre logement** : si vous optez pour un hôtel de luxe, où les serviettes sont nettoyées (inutilement) chaque jour, où les restes de repas ne sont (évidemment) pas redistribués, où les échantillons de produits de toilette sont constitués d'emballages polluants et de substances nocives pour l'environnement, vos quelques autres efforts pour réduire vos déchets n'auront que peu d'effet.

Pourquoi ne pas choisir une forme de logement **plus écologique et solidaire**, et qui donnera lieu à des **rencontres riches** ? Plusieurs possibilités s'offrent à vous :

- Si vous louez un gîte ou logez dans un hôtel, assurez-vous qu'il soit respectueux de l'environnement en vous aidant des **labels**

garantissant un hébergement vert et solidaire : La clé verte, Écogîte, Hôtels au Naturel, Gîtes Panda, Ecolabel européen, Bio Hôtels... ils sont légion ! Le site Internet suivant recense 30 labels du tourisme responsable : http://www.voyageons-autrement.com/30-labels-du-tourisme-responsable.html.

LE CONSEIL MALIN

Les sites www.voyagespourlaplanete.com et www.ecolodge-france.com vous permettront de trouver des séjours et logements solidaires et écologiques partout en France et dans le monde.

- Encore plus zéro déchet et tourné vers l'humain, le **logement chez l'habitant** est une belle solution verte : vous rencontrez les gens de votre lieu de vacances, vous vivez et mangez local, et vous ne produisez guère plus de déchets que si vous étiez chez vous. Le site référence en la matière, c'est **www.airbnb.fr**, pour trouver des logements en France et dans le monde entier de manière totalement sécurisée.

LE CONSEIL MALIN

Pourquoi ne pas pousser l'expérience locale encore plus loin en participant activement à la vie et au métier de vos hôtes, le temps de votre séjour ? On appelle cela le ***woofing*** (de l'acronyme anglais WWOOF, *World Wide Opportunities on Organic Farms*, « occasions dans des fermes bio du monde entier »). Contre le gîte et le couvert, vous participez à la vie de la ferme et aidez aux diverses tâches. Vous ne payez rien, si ce n'est de votre temps et de vos efforts, les échanges sont d'une grande richesse, vous êtes pleinement dans une démarche zéro déchet puisque vous participez directement au

→

quotidien d'une ferme bio, et vous en retirez de belles rencontres et certainement des connaissances, que vos hôtes vous auront transmises. Une solution avec laquelle tout le monde est gagnant : l'humain comme la planète.
Plus d'infos et annuaire des fermes hôtes sur le site de l'association WWOOF France : www.wwoof.fr
Et pour du woofing à l'international : http://wwoofinternational.org

- Enfin, pour un dépaysement complet et un logement au plus près de la nature, tournez-vous vers les **éco-logements atypiques** : cabane dans les arbres (en s'assurant que la construction a été faite dans le respect de l'environnement), yourte, tipi, roulotte... Les éco-labels et les agences de voyage responsables listés respectivement pages 266 et 264 vous guideront dans votre choix.

JE RESPECTE L'ENVIRONNEMENT

Qui dit vacances zéro déchet dit, bien évidemment, **ne pas polluer** !

Vous avez acquis de bons réflexes à la maison ; il n'y a aucune raison de ne pas les maintenir en vacances.

Ainsi :

- **Ne jetez aucun déchet !** Pour cela, soyez prévoyant et ayez toujours sur vous un sac pour récupérer vos déchets durant vos balades, ainsi qu'un cendrier de poche si besoin (voir p. 246).
- **Le durable ou rien !** Préférez les gourdes en Inox et la vaisselle de voyage durable (www.sans-bpa.com) aux bouteilles en plastique et à la vaisselle de pique-nique jetable. Lorsque

vous achetez à manger sur place, refusez ce dont vous n'avez pas besoin, comme les pailles jetables, les serviettes pour s'essuyer, les gobelets en plastique, etc.

- N'emportez et n'utilisez que des **produits de toilette et ménagers respectueux de l'environnement** : crème solaire bio (pour ne pas polluer les écosystèmes marins des plages où vous vous baignez), et bien sûr dentifrice, déodorant, shampoing et savon naturels (voir nos recettes dans le chapitre « La salle de bains », p. 73). Idem pour la lessive, le produit vaisselle et tous les produits susceptibles d'atterrir dans la nature (voir le chapitre « J'entretiens ma maison au naturel », p. 109).
- La pollution en vacances n'est pas que matérielle, représentée par les déchets ; vous pouvez aussi, si vous n'y prenez pas garde, polluer l'écosystème local par votre attitude. Ainsi, **respectez la nature**, promenez-vous dans le calme, pour ne pas déranger les animaux. Ne les touchez pas, ne les nourrissez pas, au risque de les perturber. Bien sûr, **aucune activité motorisée** dans la nature. Et ne touchez pas, ne cueillez pas, ne prélevez pas la flore locale ; vous pourriez, sans le savoir, par une seule fleur, mettre en péril la survie d'une espèce déjà menacée de disparition. Le but, c'est d'**explorer dans le respect, et sans laisser de traces** de votre passage.

JE VIS À L'HEURE LOCALE

Si vous vous rendez en Inde, vous n'êtes pas à Paris. N'espérez donc pas déguster un bon camembert sur un morceau de baguette et consommer des produits auxquels vous êtes habitué, pour ne pas vous sentir dépaysé. Quand on se trouve dans une autre région, un autre pays, un autre continent, **on fait l'effort de s'adapter autant que possible**, non seulement par respect pour le lieu où on se trouve et ses habitants, mais aussi pour **éviter de favoriser l'import de**

marchandises lointaines qui n'ont rien à faire ici ou **le maintien d'activités en totale inadéquation avec le climat** (et donc polluantes et énergivores – comme pratiquer du ski en piste couverte... à Dubaï).

Quelques règles d'or sont donc à respecter pour des vacances pleinement éco- et socio-respectueuses, favorisant l'économie et l'emploi locaux :

- **Mangez local** ! On ne le redira jamais assez : où qu'on soit, on consomme local et de saison. Et ça fait vivre les habitants et les commerces du coin.
- Distrayez-vous, visitez, découvrez local : **faites marcher le tourisme local**, et non celui des grandes chaînes hôtelières ou de voyagistes. Vous voulez faire une visite guidée, un trek ? Faites appel à un guide autochtone ! Vous voulez pratiquer du sport ? Boudez les activités qui n'ont aucun rapport avec le lieu et le climat ; à la montagne, on pratique des activités de montagne ; sur le littoral, on pratique des activités balnéaires.

FAITES MARCHER L'ÉCONOMIE LOCALE !

Faire appel aux agences de voyages listées p. 264 vous garantit que l'argent que vous mettez dans votre voyage ira en proportions justes aux organismes et acteurs locaux qui vous feront bénéficier de leurs services. Mais si vous passez par un tour-opérateur classique (français ou européen), sachez que la majeure partie de ce que vous payez reviendra... au tour-opérateur. Aussi, réservez le minimum à l'avance (le trajet) et attendez votre arrivée sur place pour sélectionner vos activités, votre loueur de voiture ou de vélos, votre guide touristique, etc., que vous réserverez directement auprès des autochtones. Pour être sûr de choisir des services de qualité, demandez à la personne qui vous héberge ou rendez-vous à l'office du tourisme de votre destination.

- **Vivez local !** Plutôt que de consommer et surconsommer, partez à la rencontre des habitants, découvrez leur quotidien, leur culture ; partagez, échangez, donnez, recevez, toujours dans le respect de la nature et de l'humain. En vous immergeant pleinement dans la vie des autochtones, en allant plus loin que le « simple » fait de ne pas laisser vos détritus en partant, vous allez en revenir riche d'enseignements, d'échanges, de cadeaux immatériels que la société de consommation ne saura jamais égaler.

LE CONSEIL MALIN

Et si, pour changer des destinations traditionnelles, vous partiez à la découverte... de la Namibie ? Le site www.ecosafaris.com vous propose de partir à la découverte authentique de ce pays d'Afrique australe. La démarche est pleinement éco-solidaire, avec deux objectifs essentiels : la préservation de l'environnement et le développement économique des communautés locales. Ainsi, l'agence fait appel à des guides et rangers locaux, favorise les petits groupes de voyageurs et sélectionne des sites de visite à faible impact environnemental. Dépaysement garanti dans le respect de la nature et de l'humain.

Pour finir, nous vous recommandons deux sites bourrés d'informations sur le tourisme écologique, responsable et solidaire :

- **www.echoway.org**
- **www.voyageons-autrement.com**

LES BONNES IDÉES DE NOS LECTEURS

› Sarah : « Chaque fois que nous partons en vacances, nous nous débrouillons toujours pour participer à une collecte de déchets locale ; nous le faisons dans notre ville, alors pourquoi pas en vacances ? C'est devenu un rituel que nous partageons en famille. »

› Pierre : « Pour voyager en réduisant mon empreinte carbone, j'emprunte autant que possible l'autocar, comme Eurolines ou Ouibus. Ils proposent des trajets partout en France et en Europe, à petits prix, et l'impact environnemental est nettement moindre que si chacun des passagers utilisait sa propre voiture. »

› Delphine : « Quand nous partons en vacances, toute la famille nous réclame de ramener des petits cadeaux. Alors nous encourageons autant que possible l'économie locale en écumant les échoppes des petits commerçants et artisans du coin, pour des petits cadeaux typiques de notre séjour. »

CONCLUSION

Comme vous avez pu le constater tout au long de votre lecture, le zéro déchet est un mode de vie qui implique tous les aspects du quotidien. Vous lancer dans cette aventure pourra vous paraître insurmontable de prime abord, mais j'espère avoir pu vous montrer à quel point cela peut, et doit, être simple. J'espère surtout vous avoir fait comprendre que le zéro déchet doit rester un engagement volontaire, et non une contrainte. Faites-le par conviction et par envie, non par obligation ou culpabilité ; c'est à cette seule condition que vous y arriverez, et sans efforts.

C'est aussi l'occasion pour vous d'effectuer un retour aux sources, aux vraies valeurs. La société de consommation nous a submergés sous le besoin irrépressible de possession, nous faisant partiellement oublier les choses simples, naturelles, innées : les relations, l'échange, la transmission, la solidarité, le respect, l'écoute, l'entraide. Les avantages en sont multiples, tant pour la sauvegarde de notre planète que pour notre santé et l'avenir de nos enfants.

Le zéro déchet, c'est donc aussi, et même avant tout, du partage. Alors entourez-vous d'une communauté solide. Avancez ensemble et n'hésitez pas à partager pour le mieux-être du monde et de l'humain.

Gardez ce guide à portée de main, qui sera un précieux compagnon sur votre chemin pour la sauvegarde de la planète, et si jamais vous baissez les bras, si vous vous découragez, si vous doutez, n'hésitez pas à rejoindre notre communauté, Le Zéro Déchet Facile !

REMERCIEMENTS

À ma fille Tessa, celle qui a fait de moi une maman pour la première fois, et pour laquelle j'ai décidé de passer au zéro déchet.

À ma fille Estrella, qui est venue compléter notre famille, pour qui je continuerai mes efforts afin de lui offrir un monde meilleur.

À mon mari Bastian, celui qui, sans le savoir, m'a apporté les bases : ne pas faire de courses avant d'avoir complètement vidé le réfrigérateur, préférer la bonne cuisine à base d'aliments frais plutôt que les fast-foods… Parfois réfractaire à mes lubies zéro déchet et parfois instigateur de nouvelles bonnes habitudes.

À ma famille (mon père Carlos, ma mère Rosa, ma petite sœur Cindy), qui a fait mon éducation et qui a fait de moi qui je suis aujourd'hui.

Merci à Marjolaine Revel, correctrice, « zéro wasteuse », et qui a été d'une très grande aide pour la rédaction et la finalisation de ce guide. Merci d'avoir combattu et porté ce livre pour qu'il brille toujours plus fort.

Merci aux éditions Leduc de mettre en avant le zéro déchet.

Un immense merci à toute la communauté zéro déchet, et tout particulièrement ma communauté du blog Le Zéro Déchet Facile ainsi que les membres du groupe On fait maison et on partage (66) et Les Extraordiverts en Auvergne. C'est grâce à vous tous, la communauté, que j'ai pu avancer dans cette merveilleuse aventure. Merci pour votre bienveillance et vos conseils, que j'espère avoir retranscrits le plus fidèlement possible dans cet ouvrage.

Merci à notre planète et à la nature d'être si généreuses avec nous. J'espère que nous saurons être à la hauteur de tous leurs bienfaits.

TABLE DES MATIÈRES

Introduction **7**

Pourquoi adopter le zéro déchet ? 7

Le zéro déchet, c'est quoi exactement ? 8

Avant de commencer **13**

PARTIE 1. ZÉRO DÉCHET DANS MA MAISON **17**

Chapitre 1

On désencombre ! **19**

Le ménage par le vide 19

L'étape primordiale : le tri ! *20*

Premier carton : je garde *22*

Deuxième carton : je donne *23*

Troisième carton : je vends *26*

Quatrième carton : je jette *28*

Chapitre 2

J'apprends à trier/jeter malin **33**

Je recycle ou je jette ? 33

Une question d'organisation *36*

Et les autres déchets ? 38

Chapitre 3

La cuisine et la salle à manger 41
Non au jetable, oui au durable 41
Un mot d'ordre : organisation ! 45
Je planifie mes menus 45
Des courses bien préparées 47
Mes courses zéro déchet, mode d'emploi 48
J'achète local 48
J'achète bio 50
Où acheter bio ? 52
J'achète de saison 52
J'achète en vrac 54
Halte au gaspillage ! 57
Les bienfaits du fait-maison 59
Nos recettes faciles zéro déchet 61

Chapitre 4

La salle de bains 73
Je consomme moins d'eau 74
Je dis non au chimique ! 75
Les bons labels en cosmétique 77
Le durable dans ma salle de bains 82
Brosse à dents en bois 82
Rasoirs non jetables 83
Bye-bye, les Cotons-Tiges 84
Adoptez le tissu ! 84
Hygiène intime : les solutions bonnes pour la planète (et pour moi) 85
Passez à la cosméto naturelle ! 87
Se laver le corps 88
Se laver les cheveux 89
J'arrête de me laver les cheveux ! 91
Je chouchoute mes cheveux (et la planète) 91

Mon gommage fait maison **92**
Ma peau au naturel **93**
Crème de jour ultra-facile *93*
Démaquillage express *94*
Déodorant doux pour la nature *95*
Une bonne haleine au naturel **96**

Chapitre 5

Le reste de la maison **99**
Mon ameublement zéro déchet 99
Pensez « occasion » ! **100**
Le DIY, garanti zéro déchet **101**
Le recyclage de palettes *101*
Des meubles en carton ! *104*
Mon bureau éco-responsable 105
Un ordinateur zéro déchet, c'est possible ? **107**

Chapitre 6

J'entretiens ma maison au naturel **109**
Mon top 3 des ingrédients magiques 109
Nos produits ménagers 100 % écolonomiques 114
Du* home made *pour laver mon linge **115**
Lessive au savon de Marseille *115*
Lessive de cendre *117*
Du* home made *pour faire ma vaisselle **118**
Liquide vaisselle *119*
Cake vaisselle *120*
Détartrant minute **121**
Dégraissant multi-usage **121**
Désodorisant pour toute la maison **122**
Gel nettoyant WC et salle de bains **123**

PARTIE 2. ZÉRO DÉCHET AVEC MES ENFANTS 125

Chapitre 1

Préparer l'arrivée de Bébé 127

La chambre de Bébé 128

Une peinture éco-respectueuse 128

Une seconde vie au mobilier 130

S'équiper zéro déchet 132

Des vêtements zéro déchet pour mon bébé ?........ 134

La poussette, bonne ou mauvaise idée ?........ 135

Chapitre 2

Bébé est là ! 139

Des couches lavables... comme avant ? 139

Pourquoi passer aux couches lavables ?........ 140

Bonnes pour mon bébé 140

Bonnes pour la planète........ 141

Bonnes pour mon porte-monnaie........ 141

Comment ça marche ? 142

Comment les utiliser ?........ 143

Les produits d'hygiène........ 144

Pour le bain........ 145

Pour le change 146

Du lavable pour mon bébé 147

Les repas zéro déchet de mon bébé 148

Allaitement et lait en poudre 148

Petits pots ou fait-maison ?........ 149

Une vaisselle zéro déchet ? 151

Chapitre 3

Et quand il grandit ? 153

Des jouets zéro déchet, c'est possible ?........ 153

Optez pour la bonne composition........ 155

Cadeaux immatériels, cadeaux intemporels 156
Jouer sans jouets... et sans déchets ! 157
***Les sensibiliser pour demain* 158**
***Jouer avec et pour la nature* 160**
L'espace créatif selon Reggio 160
Le land art 163
On va se promener ? 166
***Un goûter zéro déchet* 166**
***Soyez prévoyant !* 167**

PARTIE 3. ZÉRO DÉCHET EN COMMUNAUTÉ 171

Chapitre 1
En famille 173
Renouer les liens perdus 173
Des fêtes de famille zéro déchet ? 174
***Vous recevez* 175**
***Vous êtes invité* 177**
Des cadeaux qui éloignent les déchets
et rapprochent les gens 177
***Recevoir des cadeaux* 178**
***Offrir des cadeaux* 179**
Un Noël alternatif ? 181
***Un sapin d'un autre genre* 181**
***Cadeaux et papier cadeau* 183**
***Une déco de Noël bonne pour la planète* 184**

Chapitre 2
Entre amis 187
Une bonne soirée zéro déchet 187
Nos apéros malins faits maison 188

Chapitre 3
Avec mes voisins 195
Rendez-vous service ! 195
Échangez, troquez ! 196
S'investir dans la communauté 198

PARTIE 4. ZÉRO DÉCHET À L'EXTÉRIEUR 201

Chapitre 1
Zéro déchet dans mon jardin 203
Je recycle mes déchets organiques 203
La poule, ma meilleure amie 204
Presque tout recycler par le compostage 205
Compost, mode d'emploi 206
Comment utiliser mon compost ? 208
Et si je n'ai pas de jardin ? 209
Les composteurs partagés 210
Ayez la main verte ! 211
Je cultive mon propre potager 211
Quels semis en quelle saison ? 212
Sur un balcon 214
Sur une terrasse 214
Dans un jardin 214
Les jardins partagés 215

Chapitre 2
Je me mets à la permaculture 217
Qu'est-ce que la permaculture ? 217
La permaculture œuvre pour et avec la nature 218
Pourquoi se lancer dans la permaculture ? 219
La permaculture est éthique 219
La permaculture est zéro déchet 220

La permaculture est bénéfique à tous 221
1. Définir ses objectifs 223
2. Observer le contexte 224
Le contexte légal 224
Le contexte humain 224
Le contexte du terrain 225
Apprenez à connaître votre sol 226
L'importance de la richesse des sols 229
3. Quel type de design choisir ? 230
Un design par type de sol et par objectif 231
En butte 231
En lasagnes 232
Le jardin-forêt 233
Les techniques de base de la permaculture 237

Chapitre 3

Je chouchoute la planète **241**
À l'assaut des rues ! 243
Et si on nettoyait tous ensemble ? 245
Je ne jette pas mes déchets par terre ! 246
Je m'engage pour la planète 247
Je donne ma voix à des causes qui me touchent 249

Chapitre 4

Zéro déchet au travail **251**
Dans le zéro déchet, on limite... les déchets ! 251
On fait des économies d'énergie 252
On mange et on boit durable 253
On imprime responsable 254
On recherche responsable 255
On s'équipe durable 256
On recycle 256

Oui aux transports verts ! 258
Des transports plus verts aussi dans l'entreprise *260*
Convivial, le zéro déchet ! 261

Chapitre 5
Je voyage responsable **263**
Je choisis ma destination en conscience 263
Je favorise des transports plus verts 264
Je me loge responsable 266
Je respecte l'environnement 268
Je vis à l'heure locale 269

Conclusion **273**

Remerciements **275**

EN SUPPLÉMENT

Retrouvez une liste de sites Internet, blogs, applis, livres, films, défis et autres ressources qui vous aideront dans votre aventure Zéro déchet !

Téléchargez également le calendrier des fruits et légumes de saison, la liste des bonnes associations de plantes en permaculture et bien d'autres choses encore !

Rendez-vous sur la page :

http://quotidienmalin.com/zero-dechet

ou scannez ce code :

Pour scanner le QR code avec votre téléphone ou votre tablette, téléchargez sur votre magasin d'applications mobiles (App Store, Android market, etc.) une application permettant de lire les QR codes. Lancez l'application et visez le QR code avec l'appareil photo de votre téléphone mobile. L'application reconnaît automatiquement le QR code et vous permet de voir son contenu sur votre écran.

Vous pouvez également accéder au contenu via le lien indiqué, il vous suffira pour cela de taper ce lien directement dans la barre de recherche de votre navigateur Internet.

Cet ouvrage est composé de matériaux issus de forêts bien gérées certifiées FSC®, de matériaux recyclés et de matériaux issus d'autres sources contrôlées.

Le Forest Stewardship Council® est une organisation internationale non gouvernementale qui encourage une gestion écologiquement adaptée, socialement bénéfique et économiquement viable des forêts de la planète.

Pour en savoir plus, consultez le site *www.fsc.org*

FSC
www.fsc.org
MIXTE
Papier issu
de sources
responsables
FSC® C022829

Achevé d'imprimer en mars 2021
sur les presses de la Nouvelle Imprimerie Laballery
58500 Clamecy
Quatrième tirage
Dépôt légal : septembre 2018
N° d'impression : 103768

Imprimé en France

La Nouvelle Imprimerie Laballery est titulaire de la marque Imprim'Vert®